Exprime
La fotografía digital

Volumen 3

Scott Kelby

TÍTULO DE LA OBRA ORIGINAL:
The Digital Photography Book

RESPONSABLE EDITORIAL:
Eugenio Tuya Feijoó

TRADUCTOR:
Vanesa Casanova Fernández

DISEÑO DE CUBIERTA:
Cecilia Poza Melero

Edición española:
© EDICIONES ANAYA MULTIMEDIA (GRUPO ANAYA, S.A.), 2010
    Juan Ignacio Luca de Tena, 15. 28027 Madrid
    Depósito legal: M. 10.874-2010
    ISBN: 978-84-415-2676-1
    Printed in Spain
    Impreso en: Gráficas Muriel, S.A.

*Para mi editora, Kim Doty. Una de las mejores cosas
que les ha pasado a mis libros has sido tú.*

Agradecimientos

Aunque mi nombre es el único nombre que aparece en este libro, hace falta un equipo compuesto por personas dedicadas y con talento para crear un proyecto de esta magnitud. No sólo es un placer trabajar con ellos, sino que además me cabe el honor y el privilegio de darles las gracias aquí.

A mi increíble esposa, Kalebra: Este año celebramos nuestro vigésimo aniversario de bodas. Estoy más enamorado, más loco por ti y más contento de que seas mi esposa que nunca. Además de ser una madre de primera, una gran cocinera, artista, cantante y una brillante empresaria, eres una de las personas más geniales que he conocido. Todavía no puedo creer que me eligieras; seguiré esforzándome el resto de mis días para que siempre sientas que elegiste bien. Te quiero, cariño.

A mi pequeño, maravilloso, locuelo y divertido colega Jordan: Si hay un chico en el planeta que sabe lo mucho que su padre lo quiere y lo orgulloso que está de él, ese niño eres tú, colega (ahora que tienes 12 años, supongo que ya no tengo que llamarte "coleguilla", al menos no delante de tus amigos). Eres un chico fabricado para ser un chaval divertido, creativo, positivo, sensible, súper-brillante y completamente alocado, pero me encanta. Tengo que admitir que, pese a lo mucho que me divierten nuestras batallas de Halo 3 en Xbox LIVE, cuando la semana pasada arrastré mi amplificador y mi guitarra hasta tu habitación y tú te sentaste a la batería e interpretamos juntos esa versión del *You Give Love a Bad Name* de Bon Jovi, supe en ese mismo momento que era posible ser un padre todavía más afortunado de lo que ya era, y ocurrió en ese mismo momento. Tío (perdón, quería decir hijo), ¡molas!

A mi preciosa pequeña Kira: Has tenido la suerte de tener la belleza exterior de tu madre y algo que es todavía más importante: su belleza interior, su calidez, compasión, inteligencia y encanto, que se traducirán en la clase de vida llena de cariño y aventuras, emocionante y atrevida con la que tanta gente sueña. Naciste con una sonrisa en los labios, con una canción en el corazón y con un padre que está encantado de tenerte.

A mi hermano mayor, Jeff: Muchos hermanos pequeños admiran a sus hermanos mayores porque... bueno, porque son mayores. Pero yo te admiro porque tú eres mucho más que un hermano para mí. Es como si hubieras sido mi "otro padre", porque siempre te has preocupado por mí, me has dado consejos prudentes y sabios y siempre me has antepuesto a todo, igual que papá hizo con nosotros. Tu infinita generosidad, amabilidad, tu actitud positiva y tu humildad me han inspirado durante toda mi vida. Me honra que seas mi hermano y amigo.

A mi mejor amigo, Dave Moser: ¿Sabes lo genial que es poder trabajar todos los días con tu mejor amigo? Yo sí. ¡Es genial! Gracias, amigo mío: eres el mejor.

A mi equipo interno en Kelby Media Group: Tengo la inmensa suerte de trabajar día a día con un grupo de personas extraordinariamente comprometidas, motivadas e increíblemente creativas. Son personas que son para mí mucho más que un simple empleado; todos sus actos me hacen saber que ellos sienten lo mismo. Os doy humildemente las gracias a todos por haberme permitido trabajar con los mejores, día a día.

A mi editora, Kim Doty: ¡Qué puedo decir, si te he dedicado este libro! Escribir libros no siempre es una tarea fácil, pero tú haces que mi trabajo sea mucho más sencillo manteniéndome centrado y organizado, con esa actitud absolutamente tranquila y positiva frente a todo tipo de dificultades. Una de las mejores cosas que les ha pasado a mis libros es que tú los hayas editado, y me siento honrado y agradecido de que tú conviertas mis libros en algo mucho mejor de lo que yo había entregado.

A Jessica Maldonado: Indudablemente, eres la "Diva del Diseño". Gran parte del éxito de mis libros se lo debo al maravilloso aspecto que tú les aportas. Tu trabajo da vida a mis libros y me ayuda a llegar a un público más amplio. Me encanta que seas tú la encargada de realizar todos estos milagros (¡soy tu fan número uno!).

A Cindy Snyder: Muchas, muchísimas gracias por ayudar a editar y corregir los aspectos técnicos de todos los trucos de este libro y, como siempre, por haberte dado cuenta de tantos pequeños detalles que de otro modo habrían pasado desapercibidos.

A Dave Damstra: No sé cómo consigues dar a mis libros ese aspecto tan limpio y sencillo, pero desde luego me encanta que lo hagas.

A mi amigo y director creativo, Felix Nelson: Te queremos. Todos. Siempre te hemos querido, y siempre te querremos. Eres Félix. Como tú sólo hay uno.

A mi ayudante ejecutivo y *Wonder Woman*, Kathy Siler: Eres una de las personas más importantes del edificio, no sólo por todas las fantásticas tareas que haces para mí, sino por todas las cosas que haces por la empresa. Gracias por cuidarme, por mantenerme centrado y por asegurarte de que tengo tiempo para escribir libros, impartir seminarios y aun así dedicarle tiempo a mi familia. No tienes un trabajo fácil, pero haces que lo parezca.

A mi ayudante de fotografía y técnico digital, Brad Moore: No sé cómo habría conseguido terminar este libro sin tu ayuda, sin tu trabajo en el estudio (fotografiando tantas tomas de producto), tus consejos y tu paciencia. Llevas aquí muy poco tiempo y ya has tenido un gran impacto. Estoy muy agradecido de tener a alguien de tu talento y carácter en nuestro equipo.

A mi colega, RC Concepcion: Te doy las gracias por volver a repetir lo que ya hiciste en el volumen 2, y por ayudarme a realizar las tomas de estudio de este volumen. Eres algo así como la "navaja suiza" de la imagen digital y el diseño.

A Kim Gabriel: Sigues siendo ese héroe no reconocido que se sienta tras el telón. Estoy seguro de no decir esto lo suficiente, pero te doy las gracias por hacer todo lo que haces para que todo esto sea posible.

A mi querida amiga y socia, Jean A. Kendra: Gracias por soportarme durante todos estos años y por apoyar mis locas ideas. Significa mucho para mí.

A mi editor de Peachpit Press, Ted Waitt: ¿Sabes el placer que supone trabajar en un libro de fotografía con un editor que además es un fotógrafo apasionado y creativo? Supone una enorme diferencia. Tú me entiendes, entiendes mi trabajo, y yo te entiendo a ti. Es perfecto.

A Nancy Aldrich-Ruenzel, Scott Cowlin, Sarah Jane Todd y el increíblemente dedicado equipo de Peachpit Press: Es un verdadero honor trabajar con personas que simplemente quieren crear buenos libros.

A todos los fotógrafos con talento que me han enseñado tanto con los años: Moose Peterson, Vincent Versace, Bill Fortney, David Ziser, Jim DiVitale, Helene Glassman, Jow McNally, Anne Cahill, George Lepp, Kevin Ames, Eddie Tap y Jay Miesel. A todos, mi más sincero agradecimiento por compartir vuestra pasión, vuestras ideas y técnicas conmigo y con mis alumnos.

A mis mentores John Graden, Jack Lee, Dave Gales, Judy Farmer y Douglas Poole: Vuestra sabiduría y consejos me han ayudado a lo largo de toda mi vida. Siempre estaré en deuda con vosotros y os doy las gracias.

Por último, quiero dar las gracias a Dios y a Su hijo Jesucristo por conducirme hasta la mujer de mis sueños, por habernos bendecido con unos hijos tan maravillosos, por permitirme dedicarme a algo que verdaderamente me encanta, por siempre estar ahí cuando Lo necesito, y por bendecirme con una vida maravillosa, satisfactoria y feliz, y haberme dado una familia tan cariñosa con la que compartirla.

Sobre el autor

Scott Kelby es editor y co-fundador de la revista *Photoshop User*, redactor jefe de la revista *Layers* (la revista para todo lo relacionado con Adobe), y presentador de los videocasts semanales DTown TV (un programa semanal para los usuarios de cámaras réflex digitales de Nikon) y *Photoshop User TV*.

Es presidente de la National Association of Photoshop Professionals (NAPP), asociación que agrupa a los usuarios de Adobe® Photoshop®, y presidente de Kelby Media Group, Inc., una compañía dedicada a la educación y publicación de materiales de software.

Scott es fotógrafo, diseñador y galardonado autor de más de 50 libros, entre los que se incluyen *La fotografía digital* (partes 1 y 2), *Manipula tus fotografías digitales con Photoshop CS4*, *Photoshop: Trucos y Efectos* y *Adobe Photoshop Lightroom 2 Avanzado*.

Durante cinco años consecutivos, Scott ha tenido el honor de ser el autor más vendido en el campo de los libros dedicados a la informática y la tecnología, en todas las categorías. Sus libros se han traducido a infinidad de idiomas, incluidos el chino, ruso, español, coreano, polaco, taiwanés, francés, alemán, italiano, japonés, holandés, sueco, turco y portugués entre otros. Ha sido galardonado con el prestigioso Benjamin Franklin Award.

Scott es director de Formación del Adobe Photoshop Seminar Tour, y presidente técnico de Photoshop World Conference & Expo. Su trabajo forma parte de una serie de DVD didácticos sobre Adobe Photoshop, y lleva educando a los usuarios de este programa desde 1993.

Para más información sobre el autor, visite su blog en www.scottkelby.com.

Índice de contenidos

CAPÍTULO 3

CAPÍTULO 4

CAPÍTULO 5

CAPÍTULO 6

CAPÍTULO 10

ÍNDICE ALFABÉTICO

1

UTILICE EL FLASH COMO
UN PROFESIONAL, PARTE 2

Velocidad de obturación: 1/10sec
Abertura: f/3.5
Distancia focal: 18 mm
Fotógrafo: Scott Kelby

Empezamos donde concluimos la segunda parte

Sé lo que está pensando: "Si ésta es la parte 2, ¿dónde está la parte1?". En realidad, la parte 1 es el capítulo 1 del volumen 2. "¡Un momento! ¿Ya estás intentando timarme para que me compre un libro más caro que éste?" La respuesta es "no". El timo del que usted habla tiene lugar cuando uno ve un anuncio de una lavadora-secadora a muy buen precio; cuando vas a la tienda, te dicen que la lavadora está "agotada", y el dependiente intenta convencerte de que compres una lavadora-secadora más cara que casualmente sí tienen en la tienda. El timo que yo le propongo es completamente diferente, por dos razones: porque este libro no va de lavadoras o secadoras, y porque yo no le he ofrecido un libro más barato para después intentar venderle un libro considerablemente más caro. En realidad, mi timo consiste en hacerle retroceder y obligarle a comprar más libros. Veamos cómo funciona: usted ya ha comprado el volumen 3 (el libro que tiene entre las manos en estos instantes), pero en la primera página del libro (ésta) se da cuenta de que antes tendría que haber comprado el volumen 2, porque en ese libro se incluye un capítulo con explicaciones básicas sobre el uso inalámbrico del flash. Si hubiera comprado el volumen 2, estaría preparado para leer el contenido de este capítulo, que incluye todas aquellas cuestiones que los lectores del volumen 2 me pidieron que incluyera en la continuación. Así que ahora no le queda más remedio que subirse al coche (¿ve?) y poner rumbo a la librería para comprar el volumen 2. Claro que una vez llegue a casa y empiece a leer el volumen 2, no tardará en darse cuenta de que yo doy por sentado que si está leyendo el volumen 2 es porque ya ha aprendido todo lo que explicamos en el volumen 1. Como ve, es un timo clásico, pero naturalmente nunca admitiría una cosa así, especialmente en este libro. Es como en la serie *Perdidos*: si empezó a ver la serie en la tercera temporada, habrá llegado a la conclusión de que el título le venía que ni pintado.

¡9 cosas que le habría gustado saber antes de leer este libro!

1. **No es necesario que lea esta parte:** He creado un vídeo que explica cómo sacarle el máximo partido a este libro. Es un vídeo breve y conciso (en inglés) que convertirá el uso y aprendizaje que haga de este libro en una experiencia mucho más agradable (además, puede saltarse esta sección porque el vídeo explica todo). Puede encontrar el vídeo en www.kelbytraining.com/books/ digphotogv3.

2. **¿En qué consiste este libro?:** Imagínese que autor y lector nos encontramos en una sesión fotográfica; en el transcurso de esta sesión, le ofreceré los mismos trucos y consejos y compartiré con usted

las mismas técnicas que he ido aprendiendo a lo largo de los años trabajando con los mejores fotógrafos profesionales. Cuando trabajo con amigos, paso por alto toda la parte técnica; de manera que si por ejemplo usted me preguntara: "Scott, quiero que la luz sea muy suave y favorecedora. ¿A cuánta distancia tengo que colocar esta ventana de luz?", yo no le respondería con una conferencia sobre ratios de iluminación o modificadores para el flash. En una sesión en el mundo real, me limitaría a decirle: "Acércala todo lo que puedas al sujeto, sin que llegue a aparecer en la fotografía. Cuanto más cerca la coloques, más suave y envolvente será la iluminación". Una explicación breve y concisa. Justo como las que se ofrecen en este libro.

3. **Este libro empieza donde lo dejamos en el volumen 2 de Exprime la fotografía digital:** En este libro se incluyen todas aquellas cuestiones que los lectores que compraron el segundo volumen querían ver explicadas en el siguiente libro. Por ejemplo, en el capítulo dedicado al manejo del flash en modo inalámbrico no le enseñaré a configurar el flash en este modo, puesto que ya explicamos todo este material en el capítulo correspondiente del volumen 2.

En lugar de eso, empezaremos con material nuevo tomando como base lo que ya hemos aprendido. Ahora bien... ¿debería adquirir los volúmenes 1 y 2 antes de leer este libro? No es absolutamente imprescindible que lo haga, pero ciertamente no me importará que así sea (¿ve cómo lo he enfocado? Un enfoque de ventas nada agresivo, muy sutil. Atractivo, pero no imperioso). Bromas aparte, si le gusta trabajar con el flash externo fuera de cámara o con iluminación en estudio, le resultará de ayuda leer al menos el volumen 2, puesto que la mayoría de los capítulos de este libro presuponen que ya habrá adquirido los conocimientos que allí se explican.

4. **En ocasiones, tendrá que adquirir algo de equipo:** Éste no es un libro pensado para obligarle a comprar cosas, pero antes de seguir leyendo, debe comprender que para alcanzar resultados profesionales, en ocasiones es necesario utilizar ciertos accesorios que también utilizan los profesionales. Ninguna de las compañías cuyos productos recomiendo me paga por ello. Simplemente, le ofrezco los mismos consejos que daría a cualquiera de mis amigos.

5. **¿Dónde puedo encontrar todos estos accesorios?:** Dado que no quería llenar el libro con montones de enlaces a Internet (especialmente porque las páginas suelen cambiar sin aviso previo), he creado una página especialmente dedicada a la adquisición de todos los accesorios que menciono en este libro en mi sitio Web: `www.kelbytraining.com/books/vol3gear`.

6. **La página introductoria al comienzo de cada capítulo está pensada para ofrecerle un pequeño respiro:** Sinceramente, no guarda mucha relación con el resto del capítulo. En realidad, no tienen prácticamente nada que ver con nada en particular, pero estas breves introducciones se han convertido en una pequeña tradición que sigo en todos mis libros. No obstante, si es usted uno de esos lectores que se tienen por una persona "seria", sáltese estas páginas: le pondrán de los nervios.

7. **Si utiliza una cámara digital Sony, Olympus o Sigma, no se preocupe si los ejemplos muestran cámaras Nikon o Canon:** Dado que la mayor parte de usuarios disparan con Nikon o Canon, suelo mostrar una de las dos marcas, pero no se preocupe: la mayor parte de las técnicas mostradas en este libro son aplicables a cualquier cámara SLR digital, así como a muchas de las cámaras compactas digitales.

8. **Encontrará trucos extra en muchas páginas:** En ocasiones, los trucos guardan relación con la técnica mostrada en esa página en concreto; en otras, simplemente necesitaba contarle un truco y aproveché el espacio en esa página. Preste atención a los trucos (ya sabe, por si acaso).

9. **Éste es un libro eminentemente práctico:** Recuerde que le ofrezco estos consejos como si usted fuera mi compañero en una sesión de fotos. A menudo, eso quiere decir que tan sólo le diré qué botón debe apretar, qué ajustes debe modificar, o dónde debe colocar las luces sin explicarle el porqué. Una vez haya empezado a conseguir resultados increíbles con su cámara, podrá consultar cualquiera de los libros disponibles en el mercado que explican el funcionamiento de su cámara digital o la iluminación en fotografía con detalle. Sinceramente, espero que este libro avive su pasión por la fotografía y le ayude a conseguir los resultados que siempre ha deseado obtener en sus fotografías digitales. ¡Prepare su equipo! Ha llegado la hora de realizar nuestro primer disparo.

Cómo conseguir una luz suave (y barata)

En el anterior volumen, expliqué detalladamente lo importante que es difuminar y suavizar la luz procedente de su flash para obtener resultados profesionales. Si bien por regla general suelo disparar con difusores, hay otra vía para conseguir idénticos resultados, especialmente útil para aquellas personas que no cuenten con la ayuda de un asistente o de otra persona que pueda ayudarle a manejar el equipo durante la sesión: utilice un esquema de iluminación con paraguas traslúcidos. Ahora bien, antes de empezar debo confesar que no me gustan los paraguas reflectantes, es decir: esos paraguas en los que dirigimos el paraguas hacia el sujeto y disparamos el flash hacia el paraguas y lejos del sujeto, la luz del flash rebota sobre la superficie interior del paraguas y viaja de vuelta al sujeto. ¡Puf! En este caso, se trata de dirigir la luz del flash hacia el sujeto utilizando un paraguas traslúcido especial diseñado para permitirnos disparar nuestro flash directamente a través del mismo directamente sobre nuestro sujeto, lo que nos proporciona un haz de luz mucho más concentrado que un paraguas reflectante. Las ventajas son varias:

- Puede conseguir una luz envolvente más suave, ya que puede colocar el paraguas cerca de su sujeto.

- Es un paraguas, de modo que es muy compacto.

- Puede controlar el tamaño de su fuente de luz.

- Es increíblemente barato en términos de lo que supone un esquema de iluminación profesional (muchos profesionales utilizan un esquema similar).

Para que todo esto funcione, necesitará tres cosas (además de su flash, naturalmente): un paraguas traslúcido (yo utilizo un paraguas traslúcido Westcott de 43 pulgadas, Westcott 43" Optical White Satin Collapsible,

que cuesta aproximadamente 20 euros); una rótula para el paraguas con una zapata para flash y una ranura por la que introducir el paraguas (utilizo un LumoPro LP633 Umbrella Swivel con un adaptador para zapata de flash que cuesta unos 18 euros); y un pie ligero de luz (en mi caso, un Manfrotto Nano Stand de dos metros de altura, que puede adquirir por unos 50 euros). El conjunto al completo no supera los 100 euros.

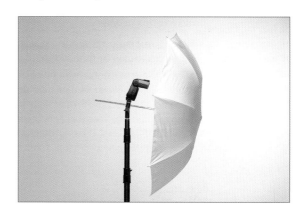

Cómo controlar la suavidad de la luz con un paraguas

Si va a utilizar un paraguas traslúcido, tendrá que decidir cómo de suave quiere que sea la luz que atraviesa el paraguas. La suavidad de la luz se controla parcialmente a través de la distancia que separa al flash del interior del paraguas. Cuando quiero conseguir una luz realmente suave en sesiones con novias o retratos familiares, coloco el paraguas aproximadamente a 60 centímetros del flash.

De este modo, la luz del flash llega a casi todo el paraguas, la fuente de luz se hace más grande y por lo tanto la luz resultante se suaviza (¿recuerda lo que dijimos en el volumen 2? Cuanto más grande resulte ser la fuente de luz, más suave es la luz). Si quiere una fuente de luz menos suave, ya sabe lo que tiene que hacer: deslice el paraguas hacia atrás y acérquelo al flash. Ahora, la luz del flash no tiene tanto espacio para extenderse y la fuente de luz será mucho más pequeña, más directa y menos suave.

Controle la situación con una ventana de luz portátil

Si dispone de algunos euros de más, le recomiendo que adquiera una pequeña ventana de luz portátil que haya sido diseñada para trabajar con el flash fuera de cámara. Creo que son dos las ventajas que podemos obtener de la utilización de una ventana de luz en lugar de un paraguas translúcido: por un lado, la luz está más contenida y es más direccional que con un paraguas, de modo que es más fácil obtener una luz de efecto dramático dirigida únicamente donde nosotros queremos; y, por otro lado, las ventanas de luz no se vuelan con tanta facilidad en exteriores.

Este segundo punto es más importante de lo que cree: los paraguas no se llevan bien con el viento, e incluso una brisa ligera puede derribar todo su equipo (paraguas, pie y flash). La ventana de luz que utilizo es una Lastolite Ezybox. Me gusta que sea tan pequeña y fácil de transportar (se pliega en un pequeño círculo, como un reflector), y para montarla no es necesario utilizar ningún raíl de acero, de modo que tardará tan sólo dos minutos en desplegarla. Además, me encanta la calidad de la luz que proporciona, suave y direccional. Existen diferentes tamaños, pero utilizo la de 24x24 pulgadas.

Cómo sostener una Ezybox en la mano

No es necesario utilizar un soporte de luz para sostener su flash y su Ezybox. Puede pedirle a un amigo o ayudante que la sostengan utilizando un accesorio especial (una especie de pie de mano ligero de unas 24 pulgadas de altura con un brazo que permite a su Ezybox ir allá donde vaya su ayudante, convertido por arte de magia en lo que se conoce como un "soporte de luz parlante").

¿Para qué sirven los grupos de su flash?

Si quiere controlar sus flashes inalámbricos de forma independiente, necesitará hacer uso de la funcionalidad de grupos. Por ejemplo, supongamos que ha colocado

un flash a la izquierda del sujeto y un flash detrás del sujeto iluminando un fondo blanco continuo. Lo deseable sería poder controlar la potencia de cada flash de forma individual, de manera que si el flash del fondo es demasiado brillante sea posible reducir la potencia sin tener que reducir al mismo tiempo la potencia del flash frontal. Para ello puede asignar uno de los flashes al Grupo A, y el segundo (el flash del fondo) al Grupo B.

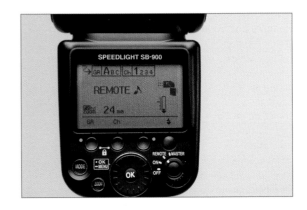

Ahora podrá controlar cada flash de forma individual sin que los flashes se molesten entre sí. Además, puede incluir más de un flash en cada grupo. Así pues, si tiene dos flashes de fondo (uno iluminando la parte izquierda del fondo, el otro la derecha) y coloca ambos flashes en el Grupo B, podrá aumentar y reducir la potencia de ambos flashes a la vez sin afectar al flash frontal (que seguiría estando en el Grupo A). ¿Ve qué fácil? Puede asignar un flash a un grupo específico dentro del propio flash.

¿Para qué sirven los canales del flash?

Siempre que trabaje solo, no tendrá problemas. Pero ¿qué ocurre si le contratan para realizar una sesión (por ejemplo, una boda) y hay un segundo o un tercer fotógrafo disparando con usted? (cada vez es más común ver a más de un fotógrafo en las bodas). El problema es que en ocasiones la cámara del segundo fotógrafo disparará su flash... y viceversa. Por eso los flashes vienen equipados con diferentes canales. Al inicio de la boda, configure su flash en el Canal 1 y pida al segundo fotógrafo que configure sus unidades en el Canal 2. Así, su cámara disparará únicamente sus flashes; la cámara de su colega disparará los suyos. Por cierto, tendrá que configurar los canales en dos lugares: en la propia unidad de flash inalámbrico y en el dispositivo que esté utilizando para disparar su flash. Por ejemplo, si utiliza una cámara Nikon y el segundo fotógrafo utiliza su unidad en modo comando para controlar el flash inalámbrico, tendrá que configurar el modo comando en el Canal 2. Si utiliza Canon, probablemente utilizará otra unidad de flash montada sobre la zapata de su cámara como flash principal, en cuyo caso tendrá que configurar dicho flash en el Canal 2. Toda esta terminología de "maestro" e "inalámbrico" resulta confusa, lo sé, pero ésta es la razón

por la que debe consultar el volumen 2 de esta serie, donde se explican todos los aspectos básicos del flash inalámbrico. Entonces, todo tendrá sentido (y yo venderé un libro más, lo cual no está del todo mal).

Utilice un transmisor para disparar su flash

En el volumen 2 de esta serie le mostré cómo configurar un flash para poder trabajar en modo inalámbrico con el flash fuera de cámara, una estupenda técnica que le ofrece numerosas posibilidades creativas. Pero hay una desventaja a la hora de utilizar el sistema inalámbrico de la cámara, a saber: los flashes tienen que estar alineados con el flash maestro (por ejemplo, si dispara sus unidades inalámbricas utilizando el flash incorporado de su cámara, el sensor de luz situado en cada uno de los flashes inalámbricos tiene que estar alineado con el flash maestro, que en este caso es el flash incorporado, para que los flashes inalámbricos puedan recibir el pequeño pulso de luz que el flash maestro emite para disparar las unidades inalámbricas).

Ésta es la razón por la que muchos profesionales utilizan un transmisor y receptor especiales para disparar sus flashes: los flashes se disparan el 100 por 100 de las ocasiones puedan o no ver el flash de su cámara, puesto que ahora el transmisor inalámbrico activará los flashes por usted. PocketWizard (que lleva mucho tiempo fabricando equipamiento inalámbrico para el trabajo fotográfico en estudio) ha inventado un sistema inalámbrico especial para las unidades de flash fuera de cámara conocido con el nombre de MiniTT1™ Radio Slave Transmitter, que encaja directamente en la zapata de su flash; posteriormente puede colocar el flash maestro directamente encima de su cámara. Naturalmente, la desventaja es que necesita adquirir una unidad transmisora y un receptor para cada flash, pero sus problemas desaparecerán a la hora de disparar sus unidades.

¿Cómo saber si sus flashes se han disparado?

Supongamos que estamos trabajando con cuatro unidades de flash diferentes y que cada una de ellas está asignada a un grupo distinto (en este ejemplo, vamos a suponer que estamos realizando un retrato en estudio y que el flash principal está en el Grupo A, la luz para el pelo está asignada al Grupo B, y los dos flashes del fondo están dentro del Grupo C). ¿Cómo podemos saber si los flashes se disparan correctamente? ¡Haga una prueba! Pulse el botón de prueba de disparo ubicado en la parte trasera de su unidad de flash maestra; los flashes de cada grupo se activarán uno detrás de otro y podrá comprobar que funcionan correctamente. Primero se dispararán los flashes del Grupo A, a continuación los flashes del Grupo B y por último los dos flashes del Grupo C. Podrá ver dispararse todos los flashes. Si alguno de ellos no se dispara, tendrá que solucionar el problema. Asegúrese de que los flashes que no se han disparado están encendidos y de que los ha asignado al grupo correcto, y asegúrese de que el sensor de los mismos puede "ver" el destello del flash maestro.

Muy pronto, esos dos segundos entre destello y destello se convertirán en 5 segundos, 10 segundos, 12 segundos... y muy pronto le parecerá que los flashes tardan una eternidad en reciclarse: ha llegado la hora de cambiar las pilas. Sin embargo, existe otra vía de reducir el tiempo de reciclaje: reducir la potencia del flash.

Reduzca el tiempo de reciclado

Cada vez que su flash se dispara (y dado que el flash está alimentado con pilas), el flash debe reciclarse antes de poder volver a disparar. Cuando introducimos pilas nuevas en nuestra unidad de flash, el tiempo de reciclado es el máximo, probablemente apenas un par de segundos entre disparo y disparo. Sin embargo, cuantos más disparos realicemos, más se agotarán las pilas.

Naturalmente, reducir la potencia del flash hará que su sujeto se oscurezca, puesto que ahora la cantidad de luz procedente del flash que recae sobre dicho sujeto es menor. Así pues, tendrá que ajustar la apertura para obtener un buen resultado. Por ejemplo: supongamos que está disparando a 1/64 de potencia con una apertura de f/5.6; tendrá que cambiar la apertura a f/4 (incluso f/2.8) para aumentar la exposición y equilibrar una vez más la luz del flash.

Un reciclado más rápido con un pack de pilas externo

Si va a trabajar seriamente con flash en exteriores (por ejemplo en una boda, durante una sesión fotográfica de pasarela, etc.) o en cualquier otra situación en la que necesite un tiempo de reciclado realmente rápido al tiempo que prolonga la vida de sus pilas, utilice un *pack* de pilas externo, como por ejemplo el *pack* SD-9 de Nikon para su unidad SB-900 (que contiene 8 pilas) o el *pack* de Canon Compact Battery Pack CP-E4 (con capacidad asimismo para 8 pilas). La tarea del *pack* consiste en reasignar el funcionamiento de las pilas del flash. Por regla general, las cuatro pilas en el interior del flash hacen funcionar tanto el reciclado como todos los requisitos de software de la unidad de flash.

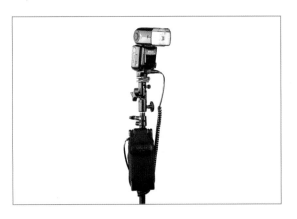

Cuando utilizamos uno de estos *packs* de pilas externos, las tareas de reciclado se asignan a las ocho pilas de tipo AA del flash, lo que le permitirá prolongar la vida de sus pilas y obtener un tiempo de reciclado mucho más rápido. Pruébelo una vez y no querrá volver a trabajar sin él.

Otro truco para un reciclado rápido

Si utiliza frecuentemente el flash fuera de cámara, lo cierto es que gastará muchas pilas. Probablemente le interese adquirir un *pack* de pilas recargables para no arruinarse comprando pilas constantemente. Pero, además, hay otra ventaja en el uso de pilas recargables (que aprendí de David Hobby, de Strobist.com) siempre que compre pilas de níquel e hidruro metálico (NiMH).

Gracias a su bajo voltaje, estas pilas se reciclan con mucha más rapidez que las pilas alcalinas AA normales. Además, puede recargar cuatro pilas NiMH en apenas 15 minutos (Energizer comercializa un cargador de estas características para pilas de níquel e hidruro metálico).

Le recomiendo que adquiera dos *packs* de pilas AA NiMH diferentes: uno para el flash, el otro como reserva. Si necesita utilizar el *pack* de reserva, siempre tendrá la opción de recargar el *set* original y estar listo para utilizarlo de nuevo (de ser así... ¡está utilizando el flash un montón!)

Ajustes de potencia típicos en un flash

Si utiliza el flash en interiores, o bien en exteriores en días no soleados, el 99 por 100 de las veces su flash funcionará a menos de media potencia.

De hecho, posiblemente utilice el 25 por 100 de potencia del flash (durante una sesión típica hablaríamos de 1/8 o 1/16 de potencia).

¿Por qué una potencia tan baja? Porque la idea es encontrar el equilibro perfecto entre la luz del flash y la luz existente en la estancia en la que se desarrolle la sesión (o bien la luz exterior), por lo que generalmente únicamente utilizaremos un pequeño destello del flash (o de lo contrario obtendremos una fotografía en la que se notará que hemos utilizado flash).

Nuestro objetivo es conseguir que la luz del flash parezca luz natural, para lo cual utilizaremos un ajuste de potencia bajo.

Cómo disparar un segundo flash en otra estancia

Supongamos que estamos disparando en el interior de una casa y que estamos iluminando la escena con un flash fuera de cámara. No hay nada peor que ver una habitación adyacente (quizás un salón al fondo) con aspecto oscuro; así pues, coloque un flash en esa segunda estancia y apunte el flash hacia el techo. Hasta aquí, todo perfecto.

Naturalmente, no queremos que el flash de esa estancia adyacente se vea y querremos ocultarlo a la vista, ¿no es así? Aquí viene el problema: estos flashes funcionan si pueden "ver" sin obstáculos el flash maestro, o de lo contrario no se dispararán. He aquí un truco para sortear este problema: configure su flash en modo **Remoto** o **Esclavo** (dependiendo de la marca), y el flash ya no tendrá que estar a la vista del flas maestro, puesto que detectará cualquier haz de luz procedente del flash de la estancia principal y se disparará. Tenga este consejo en cuenta la próxima vez que necesite ocultar un segundo flash.

Cómo "vencer" a la luz del sol

Esta técnica goza de gran popularidad entre los fotógrafos de bodas que realizan tomas en exteriores. Consiste en utilizar el flash para iluminar a nuestro modelo, situado a plena luz del día. Decimos que queremos "vencer" a la luz del sol, pero en realidad de lo que se trata es de exponer como si estuviéramos realizando una toma en exteriores normal y posteriormente subexponer intencionadamente la toma uno o dos pasos para que el aspecto de la foto quede ligeramente oscurecido. Posteriormente, encienda el flash y deje que sea el flash y no el sol el que ilumine al sujeto. Obtendrá un aspecto muy comercial. Éstos son los pasos a seguir: encienda la cámara en modo **Programa**, apriete el disparador hasta la mitad y observe la medición de la cámara para una correcta exposición de esta toma de día. Supongamos que la cámara le da una medición de 1/80sec con una apertura de f/11. Cambie a modo **Manual** y elija esa misma velocidad y apertura. A continuación, para oscurecer la escena (es decir, para subexponerla), cambie la apertura a f/16. Haga un disparo de prueba y compruebe si la escena está lo suficientemente oscura. Si no es así, cambie la apertura a f/22 y realice otro disparo de prueba. Una vez la escena está lo suficientemente subexpuesta, encienda el flash y utilícelo para iluminar al sujeto. En exteriores, suelo comenzar trabajando a plena potencia. Si la escena es demasiado brillante, reduzco ligeramente la potencia de mi flash y realizo otro disparo de prueba. Siga reduciendo la potencia del flash hasta que la imagen tenga una exposición correcta (por ejemplo, como la imagen que aquí se muestra, tomada a medida tarde con luz solar directa).

Scott Kelby

Cómo obtener un aspecto de flash de anillo con un flash pequeño

Es uno de esos estilos que o bien le apasionan o que uno odia a muerte (un aspecto plano y brillante, con una sombra pronunciada detrás del sujeto).

Quizás es mejor que no le guste, porque los flashes de anillo son grandes, aparatosos y bastante caros. No obstante, existe un adaptador de flash de anillo que encaja en su unidad de flash habitual y que puede ofrecerle con una calidad sorprendente ese aspecto de flash de anillo del que hablamos (aspecto que ha alcanzado una enorme popularidad en las fotografía de moda de hoy), pero sin necesidad de hacer frente al precio, peso o tamaño de un flash de anillo. Es el llamado Ray Flash, que encaja directamente sobre el cabezal de su flash y rodea su objetivo, como puede ver en la imagen. Básicamente, este dispositivo redirige la luz de su flash en forma de anillo: es muy ligero y no exige pilas ni ningún otro aparato.

NOTA

Si aspira a tener un flash de anillo real...

AlienBees fabrica flashes de anillo a un precio razonable. Estos flashes pueden conectarse a su cámara y si bien son más pesados, aparatosos y caros que el adaptador de Ray Flash que se muestra en la imagen, no son tan pesados, aparatosos o caros como el resto de flashes de anillo con los que he podido trabajar.

¿Qué hacer si el flash a plena potencia no es suficiente?

Imagine que está iluminando a su sujeto con el flash a plena potencia, pero que la luz no es suficiente para la toma que desea realizar. La solución pasar por añadir un segundo flash. Como lo lee: utilice un segundo flash y sitúelo junto al primero. Asegúrese, no obstante, de que ambos flashes están dentro del mismo grupo (ambos deben estar en el Grupo A o en el Grupo B), para que

se disparen al mismo tiempo. Al igual que añadir una bombilla más en casa nos da más luz, lo mismo ocurre cuando añadimos un segundo flash a la escena. Por cierto: la adición de un segundo flash no dobla la cantidad de luz, simplemente añade un paso más de luz. Para añadir otro paso de luz, añada otro flash (y así sucesivamente).

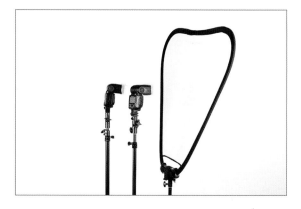

Cómo reducir la potencia del flash incorporado

Algunos fotógrafos utilizan el flash incorporado de su cámara como flash de relleno en aquellas situaciones en las que no intentan iluminar por completo a la persona retratada y simplemente quieren utilizar la luz del flash para rellenar las sombras. El problema es que nuestra cámara no siempre sabe que solamente queremos un poquito de luz de relleno y suele enviar más luz de la realmente necesaria, con lo cual nuestras fotos tienen un aspecto... bueno, digamos que es evidente que hemos utilizado el flash incorporado. Sin embargo, la mayor parte de las cámaras actuales disponen de un ajuste que le permite reducir la potencia del flash incorporado; así pues, si opta por esta técnica para el flash de relleno y el resultado no le convence, puede reducir la potencia del flash incorporado y probar una vez más.

Nikon   Canon

En las cámaras Nikon puede reducir la potencia pulsando el botón del flash (es el botón situado en la parte frontal de su cámara, al lado del objetivo y marcado con la imagen de un relámpago); a continuación mire el panel de control y gire la rueda frontal hasta ver un número negativo. En las cámaras Canon, pulse el botón de compensación del flash/ISO, mire la pantalla LCD de la parte superior de la cámara o a través del visor y gire la rueda de control hasta que aparezca un número negativo. Haga un disparo de prueba: observe los resultados y compruebe si necesita volver a ajustar la potencia.

Cuándo no utilizar un difusor de plástico

Personalmente, suelo trabajar casi siempre con el difusor de plástico colocado sobre el cabezal del flash, ya que por regla general me gusta difundir la luz y suavizarla.

Pero habrá ocasiones en las que no interese trabajar con el difusor, y no sólo cuando quiera una luz dura y perfilada. Por ejemplo: si el flash está alejado del sujeto, retire el difusor, ya que al estar tan alejado las pilas se gastarán con más rapidez y al tener una fuente de luz tan lejana, la luz se extenderá y será una luz suave de todos modos. También es recomendable retirar el difusor de plástico cuando utilice el flash en exteriores como flash de relleno.

Un truco profesional para obtener mejores retratos

Un truco que muchos profesionales utilizan a la hora de realizar retratos con una unidad pequeña de flash es utilizar un gel naranja muy suave sobre el cabezal.

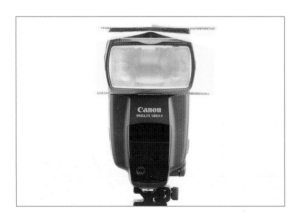

No importa qué hora del día sea: el gel naranja cubre el flash. Se trata de un gel naranja 1/4 CTO (del inglés *Color Temperature Orange*). Si se dedica al retrato, utilice siempre este gel: sus imágenes con flash tendrán un aspecto más natural.

Dos geles necesarios

Si quiere obtener luz de aspecto natural de su flash (en otras palabras, si quiere que la luz procedente del flash se mezcle con la luz ya existente en la estancia), necesitará dos colores de gel para colocar sobre el cabezal del flash: un gel naranja para disparos en interior con una iluminación normal (por lo general, luz incandescente), y un gel verde, cuando realice disparos en una oficina o en un edificio iluminado con luz fluorescente.

Quizás no tenga que comprar estos geles

Si ha adquirido un flash Nikon SB-800 o SB-900, ambos incluyen diversos geles (incluidos el naranja y el verde).

Filtros de pega

Por alguna razón, los geles suelen asustar a los principiantes que empiezan a trabajar con el flash fuera de cámara. La mención de estos geles en una sesión suele suscitar preguntas como: "¿Dónde puedo conseguirlos? ¿Cómo sé que he comprado los geles adecuados? ¿Qué colores tengo que comprar? ¿Cómo y dónde los coloco sobre el flash? ¿Tengo que cortarlos?".

Supongo que la compañía Midsouth Photographic Specialties ha escuchado estas preguntas tantas veces que ha creado un conjunto de geles para ser utilizados en los flashes fuera de cámara en los colores más solicitados, cortados al tamaño adecuado, y listos para utilizar. Son los llamados "Sticky Filters" o filtros de pega. Péguelos al cabezal del flash y... ¡listo!

Trucos para iluminar un fondo con flash

He aquí una sencilla regla que le ayudará a utilizar su flash externo para iluminar un fondo situado detrás de su sujeto, ya sea una pared o un fondo continuo. Si quiere iluminar el fondo de forma equilibrada, coloque el difusor de plástico en el cabezal del flash. La luz se difundirá y tendrá un aspecto más suave y equilibrado (como se muestra en la imagen de la izquierda).

A continuación aleje el flash de la pared: cuanto más lo aleje, más se expandirá la luz. Si por el contrario quiere obtener un aspecto de luz "concentrada" detrás del sujeto, acerque el flash a la pared y retire el difusor (como se muestra en la imagen de la derecha).

Utilice el soporte para el flash

Si ha adquirido un flash Nikon o Canon, busque en la caja un pequeño soporte de plástico (yo lo llamo "pie", pero Nikon lo llama "soporte" y Canon lo llama "minipie").

En cualquier caso, la unidad de flash encaja directamente en este pequeño soporte y permite colocar el flash en el suelo directamente detrás del sujeto o sobre una mesa, sin caerse. Es una especie de mini-pie de luz. Sin embargo, tiene una funcionalidad que mucha gente ignora: puede enroscarlo directamente sobre un trípode o en un pie, lo que le permitirá aumentar la altura del flash y, además, le evita tener que adquirir un adaptador especial para sostener el flash (aunque si trabaja con el flash sobre un pie a menudo y necesita algo más de control, por ejemplo para inclinar el flash, le recomiendo que siga el truco del volumen 2 y adquiera una pinza Manfrotto Justin Spring Clamp con zapata incorporada por un precio aproximado de 45 euros, lo que le permitirá montar su flash prácticamente en cualquier lugar).

El foco afecta a la exposición del flash

Hoy en día, los flashes externos cumplen con su tarea a la perfección, parcialmente porque pueden ajustar su potencia basándose en la exposición de la toma (Canon ha bautizado su sistema como "TTL. Medida a través del objetivo"; Nikon ha bautizado su sistema con el nombre de "i-TTL. Medición inteligente a través del objetivo", pero en realidad quieren decir lo mismo). ¿Por qué preocuparnos? Porque nuestro flash nos ayudará a exponer correctamente en función del foco elegido para nuestra foto. Así pues, si enfocamos al sujeto, obtendremos una exposición correcta para nuestro sujeto y variaremos la potencia del flash basándonos en el aspecto que queremos que tenga el modelo. Pero si enfocamos otra parte de la imagen, como por ejemplo el fondo, el flash intentará iluminar esa zona. Ésta es la razón por la que, al utilizar un flash externo, tendrá que tener cuidado a la hora de enfocar aquella parte de la imagen que quiera ver correctamente expuesta. Si lo hace, el resultado será mucho más agradable.

Scott Kelby

Una póliza de seguros para trabajar con flash

Si le contratan para realizar un trabajo remunerado (como por ejemplo una boda o una sesión de retratos), asegúrese de que tienen un flash de reserva. Si por cualquier razón su flash principal falla (se cae, el viento tira el flash al suelo y lo rompe, hay algún problema con el flash, etc.), al menos puede recurrir al flash de reserva. Pero éste no es el consejo que quería darle. Contar con un flash de reserva a la hora de realizar un trabajo remunerado es

absolutamente imprescindible. El truco que quería contarle es otro: asegúrese de que el flash que utilice como flash de reserva sea idéntico a su flash principal.

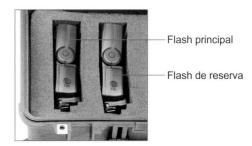

Flash principal

Flash de reserva

Si se ve obligado en un momento dado a cambiar de flash repentinamente a mitad de sesión, no tendrá que perder tiempo adivinando cómo funciona el flash o descubriendo qué ajustes necesita configurar para que la potencia sea la misma (o cualquier otro aspecto que le dé miedo cuando está delante de su cliente por no estar familiarizado con el funcionamiento de ese modelo de flash en particular). Si utiliza la misma marca y modelo como flash de reserva, únicamente tendrá que cambiar de flash y... ¡listo!

¿A qué altura debe colocar el flash?

Ahora que ya tiene el flash inalámbrico configurado y listo para disparar sobre un pie (o bien cuenta con un ayudante que le sostenga el flash), se preguntará: "¿A qué altura debo sostener el flash, y cómo debo orientarlo?".

He aquí una forma muy para hacerlo: coloque el flash en la posición en la que debería estar el sol. Por lo general, el sol está allí arriba, en el cielo, mirando hacia la tierra. Así, coloque el flash sobre un soporte de luz formando un ángulo de manera que quede orientado hacia abajo, hacia su sujeto. Si va a disparar en interiores, imagínese que no hay techo. Puede ver la imagen resultante de este esquema en el sitio Web de este libro: www.kelbytraining.com/books/digphotogv3.

¿En qué lado debo colocar el flash?

En cierta ocasión escuché a un afamado retratista decir que él siempre coloca la fuente de luz a la izquierda, porque en sus primeros tiempos como fotorreportero

solía sostener el flash con su mano izquierda extendida para poder sostener la cámara y pulsar el disparador con la mano derecha. Está tan acostumbrado a ver la luz desde el lado izquierdo que incluso ahora, en sus tomas en estudio, coloca sus flashes de estudio a la izquierda.

Por regla general, yo también coloco la luz a la izquierda, pero no me pregunte por qué: simplemente, supongo que estoy acostumbrado a hacerlo así.

No obstante, si me encuentro disparando en exteriores y no puedo iluminar a mi sujeto desde el lado izquierdo, simplemente lo ilumino desde la derecha. La iluminación en fotografía no tiene por qué ser siempre complicada.

2

UTILICE SU ESTUDIO COMO UN PROFESIONAL

Velocidad de obturación: 1/200sec
Abertura: f/8
ISO: 200
Distancia focal: 116 mm
Fotógrafo: Scott Kelby

En el volumen 2, construimos nuestro estudio desde cero. Ahora... ¡vamos a mejorarlo!

En el volumen 2, aprendimos cómo, utilizando una sencilla pieza de plástico fino que puede caber fácilmente en su cartera, es posible construir desde cero un estudio compuesto por una única fuente de luz plenamente funcional. Después de escribir ese capítulo, mis lectores me formularon una serie de preguntas interesantes, como por ejemplo: "¿Y qué pasa si quiero utilizar dos luces?", o "¿Y si quiero añadir una segunda luz", e incluso "¿Y si tengo una luz pero creo que voy a necesitar otra?". No le mentiré: me eché a temblar. Pensé que ya había explicado tantas cosas en el volumen 2 que realmente nadie querría aprender nada más, así que cuando me senté a pensar en el esquema para este tercer volumen, no sólo no incluí ningún capítulo dedicado a las técnicas de estudio: ¡es que ni siquiera mencionaba las palabras "técnicas" o "estudio", ni tan siquiera palabras que incluyeran una "s" o una "t"! (por si las moscas). Pero entonces me di cuenta de que si escribía un libro sin utilizar las letras "s" o "t", no podría utilizar mi nombre, en cuyo caso no podría hablar de mí mismo en tercera persona (por ejemplo: "Scott no quiere compartir ninguna más de sus técnicas de estudio, o "Scott ha salido bajo fianza"). Así que tuve que volver a repensar todo el concepto y, una vez hechos los deberes, me di cuenta de que no sólo tendría que incluir un capítulo entero que continuase en el punto donde lo dejamos en el volumen 2, sino que además tendría que volver a construir mi estudio desde cero (porque cuando terminé de escribir el volumen 2, hice una hoguera enorme y lo quemé todo). ¡Fíjese hasta qué punto había creído que ya no tendría que trabajar más con técnicas de estudio! Pero al parecer me equivoqué. A Scott no le gusta tener que volver a reconstruir todo. A Scott no le gusta el plastiquillo que saca de su cartera. Scott necesita buscarse otro trabajo.

Cómo crear fácilmente un fondo completamente blanco

Conseguir un fondo completamente blanco (ideal para retratar a niños o para fotografía de moda) es todo un reto, ya que por lo general necesitaremos dos fuentes de luz que puedan crear una iluminación equilibrada y además tendremos que equilibrar la luz para que no aparezca ningún "punto caliente" (es decir, que uno de los lados sea más brillante que el otro). Por estas razones, he decidido utilizar el fondo de Lastolite HiLite Illuminated Background. Ahora, tengo un fondo completamente blanco siempre que quiera, incluso en exteriores. El fondo HiLite es plegable; al desplegarlo, basta con colocar un único flash en su interior o bien a cada lado y dirigirlo hacia la parte trasera. A continuación, reduzca la potencia de su flash aproximadamente en 1/4. Al disparar el flash, la luz golpea sobre la parte trasera del fondo

HiLite y se extiende de forma uniforme, ofreciendo una cobertura perfecta. Hay ranuras para introducir luces a ambos lados, pero lo he utilizado con una única luz y funciona perfectamente: simplemente, acuérdese de colocar un reflector frente a su flash para que el fondo no se caliente demasiado. Además, puede transportar el fondo fácilmente a exteriores, puesto que se pliega exactamente igual que un reflector de gran tamaño. Tardará unos tres minutos en montarlo y es lo suficientemente ligero para poder sostenerlo con una sola mano. Para ver la imagen final de esta sesión, visite la dirección Web www.kelbytraining.com/books/digphotogv3.

NOTA

Escriba un listado de tareas para una sesión exitosa

Si va a prepararse para llevar a cabo una sesión en estudio, dedique un par de minutos a crear un listado de tareas para la sesión, es decir: un listado del tipo de imágenes que quiere crear durante la sesión. Enumere todos los aspectos relacionados con la toma, desde los esquemas de iluminación que desea utilizar hasta las poses que quiere probar o cualquier accesorio que desee incorporar. Cuando contamos con un plan preciso, las posibilidades de éxito aumentan notablemente.

Flashes de estudio... ¡con control inalámbrico incorporado!

Como puede ver en el epígrafe anterior, siempre busco una manera de facilitarme las cosas (después de todo, cuanto más simplifiquemos las cosas, más tiempo podremos pasar tomando fotografías, ¿no es así?). Los nuevos flashes de estudio BXRi de Elinchrom incorporan un disparador inalámbrico Skyport EL: todo lo que necesita es el transmisor, que se coloca en la zapata ubicada en la parte superior de su cámara. Además de la funcionalidad inalámbrica directamente incorporada en estos flashes, hay una segunda funcionalidad que creo le resultará incluso de más ayuda que la primera: puede

controlar la potencia de todos sus flashes de estudio directamente desde su cámara, utilizando el transmisor. Es decir: si ha colocado un flash de estudio como luz de pelo sobre una jirafa, pero la luz es demasiado brillante, puede reducir la potencia del flash directamente desde la cámara.

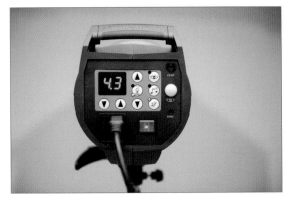

No es necesario bajar la jirafa al suelo o subirse a una escalera para modificar la potencia en el flash. Puede controlar hasta cuatro grupos diferentes de flashes, de manera que puede tener uno asignado a su luz principal, otro para la luz de pelo, otro para la luz de fondo y controlarlos todos sin necesidad de separarse de su cámara. Lo sé: es genial. Puede adquirir un kit en B&H Photo con dos flashes de estudio BXRi de 500 vatios, dos ventanas de luz de 26 pulgadas, dos pies, dos maletas y el transmisor inalámbrico necesario para configurar la iluminación en modo inalámbrico por unos 1.000 euros (lo cual me parece un chollo teniendo en cuenta la calidad que ofrece; yo mismo tengo uno).

Utilice decorados

Si realiza muchas sesiones en estudio, no tardará en cansarse de las tomas sobre papel continuo blanco, gris o negro. La mejor forma de aprovechar sus fondos consiste en crear sus propios decorados (no se preocupe, es mucho más fácil de lo que parece). Para que esto funcione, siga estos consejos. En primer lugar, busque en el mercado de segunda mano biombos con postigos, mesas, sofás viejos, lámparas... cualquier cosa que pueda encajar en el fondo. Realmente no importa cómo sea el objeto. Ahora, tendrá que crear cierta profundidad entre el fondo continuo blanco, gris o negro y su sujeto; para ello, coloque los objetos entre ambos (de modo que tendrá un fondo blanco, varios centímetros de espacio vacío, los objetos de decoración, algunos centímetros vacíos y el modelo). Para ver la configuración de la fotografía del ejemplo, visite www.kelbytraining.com/ books/digphotogv3. A continuación (aquí está la clave), tendrá que utilizar una abertura bastante grande, como por ejemplo f/4 o f/2.8, de tal manera que los elementos del fondo queden tan difuminados que no resulte posible saber si la toma se ha realizado en una mansión, una habitación o un estudio.

Scott Kelby

No dejo de sorprenderme de lo bien que quedan un par de objetos correctamente colocados en el fondo cuando se siguen las reglas que hemos enumerado.

Además, si puede encontrar cualquier objeto que pueda colgar de un pie de jirafa (que parezca que se encuentra colgando del techo de la habitación), obtendrá magníficos resultados.

Recuerde que: el truco para que este procedimiento funcione correctamente es la profundidad entre el fondo, los objetos del decorado y su modelo, así como una profundidad de campo muy reducida. Los resultados le sorprenderán.

Escuche música durante la sesión

Pregunte a cualquier profesional que se dedique a la fotografía de retrato: todos le dirán que escuchan música durante la sesión. Reproducir algo de música de fondo le facilitará enormemente la tarea de hacer que los retratados se relajen y se sientan cómodos, cosa que suele traducirse en imágenes de mayor calidad (si el retratado está relajado y se divierte, las fotos tendrán el mismo aspecto). No necesita nada más que un iPod o cualquier otro reproductor portátil, algunas canciones, unos altavoces compatibles con el iPod y... ¡listo! Ahora bien: para que la cosa funcione, no escuche sólo sus canciones favoritas (el único que estará relajado y cómodo será usted): reproduzca el tipo de música preferido por su modelo, canciones que les hagan exclamar: "¡Vaya, me encanta esta canción!".

Durante la elaboración de este libro, retraté a varios modelos profesionales (hombres y mujeres); siempre les preguntaba qué clase de música les gustaba. Por desgracia, nunca elegían el *funk* de la vieja escuela ni el rock de los 80 (eso se me da bien). Preferían la música que escuchan en casa o en el coche: R&B, hip hop, rock, rap y música alternativa. Así que me puse en contacto con otro fotógrafo (mi colega Terry White) que reproduce una música fantástica durante sus sesiones, y le pregunté dónde consigue la música. Resulta que la música la elegía uno de sus modelos y prácticamente siempre la reacción de los modelos en el estudio era fantástica. Terry creó una colección iTunes iMix para que me la descargara, y me ha permitido compartirla con mis lectores. Vaya a www.kelbytraining.com/books/digphotgv3 y haga clic en el enlace, que iniciará iTunes y le llevará a la lista de reproducción, donde podrá comprar las canciones con un solo clic.

Cómo conseguir el aspecto beauty dish

Si quiere obtener un resultado que no sea tan suave como el que se obtiene con una ventana de luz pero que no sea tan duro como el de una fuente de luz con una simple bombilla, utilice un *beauty dish*.

La luz que produce es algo intermedio entre ambos, ofreciéndole un mayor contraste sin llegar a ser excesivamente dura. El *beauty dish* se acopla en la parte frontal del flash de estudio (exactamente igual que una ventana de luz) pero tiene el mismo aspecto que un reflector metálico gigante. La luz que produce tiene más energía, lo que da como resultado un aspecto muy agradable en primeros planos (debido a la manera en la que define el rostro y los tonos faciales). Además, es perfecto para cualquier retrato en el que queramos conseguir ese estilo que vemos en los anuncios de maquillaje y productos de belleza.

Además, puede adquirir una especie de "media" para el *beauty dish* que cubre la parte frontal para crear un aspecto algo más suavizado. Cuando utilice el disco, colóquelo directamente frente a su sujeto en lo alto, inclinado en un ángulo de unos 45 grados mirando hacia

la modelo, como se muestra en la imagen. Más o menos tendrá que disparar debajo del mismo. Quizás también le interese colocar un reflector a la altura del pecho de su modelo para rellenar las sombras bajo los ojos.

Además, dependiendo de la marca que utilice (yo utilizo el *beauty dish* de 17 pulgadas de Elinchrom), probablemente tenga que elegir entre un interior blanco o plateado. Personalmente elijo el blanco porque es más suave, frente al gris que es más reflectante y contrastado.

Cómo utilizar las rejillas o paneles de abeja

Si separásemos la ventana de luz del flash, la luz procedente del foco del flash se dispersaría por todas partes. Ésta es una de las razones por las que utilizamos ventanas de luz: para ayudarnos a dirigir la luz hacia donde queremos y suavizarla, naturalmente; pero las ventanas de luz dan una luz suave.

Y aquí entran en juego las llamadas "rejillas" y los "paneles de abeja". Estos paneles se acoplan directamente sobre el reflector del flash (los que yo utilizo encajan directamente en el reflector) y tienen un patrón metálico en forma de rejilla o panel de abeja que le proporcionará un foco muy preciso con efectos muy dramáticos: obtendrá una luz dura, puesto que no hay ventana de luz sino únicamente una bombilla con un reflector de metal y una rejilla. Actualmente, estos paneles se utilizan como luces de perfilado de fondo en retratos (de hecho, no creo que pueda encontrar una portada de revista en el último año donde no se hayan utilizado al menos uno o dos paneles, creando una zona de luz blanca a uno de los lados del sujeto). Puede encontrar paneles de 10 grados, 20 grados, etc.

Cuanto más baja sea la numeración, más concentrado será el foco de luz (por lo general suelo utilizar rejillas de 20 o 30 grados). El uso de este tipo de paneles no entraña ningún secreto: acóplelo y... ¡listo! El foco de luz se concentrará considerablemente. Coloque un panel a uno de los lados de su modelo, apuntando hacia uno de

los lados del rostro, y utilice un flash de estudio para crear algo de luz de relleno en la cara del sujeto. Y ¡*voilà*! Ahí lo tiene. Es cierto que hay algún que otro secreto más (consulte el último capítulo del libro), pero básicamente todo empieza con este tipo de rejilla.

Dispare directamente de la cámara a una pantalla de TV

Si quiere visualizar una imagen de mayor tamaño de la que normalmente puede ver en la pequeña pantalla LCD de la parte trasera de su cámara, dispare directamente desde la cámara al ordenador. La mayoría de las cámaras réflex digitales de la actualidad vienen equipadas con algún tipo de salida de vídeo (los modelos de alta gama de Canon y Nikon tienen incluso salida de vídeo HDMI) que le permitirán conectar su cámara por cable directamente con la pantalla de su televisor y observar la imagen en una gran pantalla LCD. Este proceso es algo diferente al de conectar su cámara a un ordenador portátil o de sobremesa, puesto que las imágenes siguen residiendo en su tarjeta de memoria y no se exportan al ordenador. En este caso, la pantalla del televisor cumple exactamente el mismo papel que la pantalla LCD de su cámara. Es decir: podrá visualizar en pantalla los avisos de luces quemadas, los ajustes de configuración de su cámara y cualquier otra información que normalmente aparezca en la pantalla LCD de la cámara... ¡a gran tamaño!

Scott Kelby y JVC

No se puede imaginar lo útil que resulta ver sus imágenes a gran tamaño, porque podrá comprobar con exactitud los resultados, la nitidez de sus imágenes y darse cuenta de errores que de otro modo le pasarían inadvertidos si estuviera trabajando con la pantalla LCD de su cámara de 2,5 o 3 pulgadas.

Además, a los modelos les encantará verse a gran tamaño. En mi caso, les encanta verse retratados en pantalla; el resultado son imágenes de una mayor calidad. Para que esto sea posible, necesitará (además, claro está, de un televisor) un cable para conectar su cámara mediante la conexión de vídeo (muchas réflex digitales incluyen este cable de fábrica). Eso es todo.

Trabaje cerca de su ordenador y dispare directamente desde la cámara

Si decide disparar directamente desde la cámara a su ordenador portátil y descargar allí sus imágenes para ir clasificándolas y editándolas a medida que dispara (tal y como vimos en el volumen 2), colocar su ordenador en un lugar cómodo le ahorrará una cantidad de tiempo considerable. El soporte que se muestra en la imagen es una de las vías más fáciles y estables para ello.

Scott Kelby

Se trata de una plataforma metálica (Gitzo G-065 Monitor Platform) que se atornilla directamente sobre un trípode, ideal para un ordenador portátil de 15 pulgadas.

Si utiliza trípode, éste podrá cumplir más de una función utilizando el cabezal de cuatro brazos de Manfrotto 131DD Tripod Accesory Arm for Four Heads.

Se trata de una barra horizontal que se atornilla directamente en el trípode y que le permite colocar la plataforma para el portátil en uno de los extremos y la rótula que normalmente utilice en el otro extremo. De este modo, el trípode sirve para ambos complementos. ¡Es genial!

NOTA

Cómo juzgar la calidad de las imágenes en pantalla

No pierda de vista lo siguiente: al abrir una imagen en un monitor de gran tamaño (24 pulgadas o superior) y visualizarla al 100 por 100 de resolución, lo más probable es que no vea una imagen completamente nítida. Pero recuerde: la imagen que está viendo es mayor que el tamaño real. Haga zoom sobre la imagen hasta que el tamaño que vea en pantalla equivalga al tamaño al que quiere imprimir la imagen. Si quiere imprimir una fotografía a tamaño póster, aléjese como mínimo dos metros del monitor para ver la imagen desde la misma perspectiva con la que la observarán los potenciales espectadores.

Las herramientas más útiles... y las más baratas

Si todavía no tiene un rollo de cinta *gaffer* en su estudio, deje ahora mismo este libro y vaya a la ferretería a comprar un par de rollos. No compre cinta de embalar ni cinta aislante. ¡Cinta *gaffer*! Es una de esas cosas que, una vez se tienen, le hacen a uno preguntarse cómo ha podido hacer fotos sin ella (pregunte, si no, a cualquier fotógrafo de estudio).

La usará constantemente: para colocar paneles de abeja, arreglar algún que otro agujero en una ventana de luz, unir objetos en la fotografía de producto... podría ponerle multitud de ejemplos. Además, necesitará unas buenas pinzas.

Es otra de esas herramientas que siempre debería haber en todo estudio y que utilizará constantemente: desde colgar cosas de una jirafa, hasta fijar las telas detrás del modelo para eliminar las arrugas (razón por la cual necesitará unos alicates pequeños y otros grandes). Puede adquirirlas en cualquier ferretería local. Con estos dos accesorios baratos en el estudio, se ahorrará muchos problemas... y podrá continuar adelante con su sesión (en lugar de tener que pararse a mitad de sesión para ir a la ferretería).

¿Por qué son preferibles los pies con ruedas?

En algún momento, terminará comprando varios pies para su estudio. Permítame darle un consejo que le facilitará enormemente su trabajo en estudio: compre pies con ruedas. Dos son las razones por las que es recomendable hacerlo. La primera es bastante obvia: ya que tendrá que mover sus luces con frecuencia, le resultará mucho más rápido y sencillo moverlas con un pie equipado con ruedas que tener que coger el pie y transportarlo a otro lugar. Además, he observado que es mucho más probable que mueva las luces y experimente con ellas si los pies tienen ruedas. La segunda ventaja guarda relación con la seguridad. Las luces son pesadas y todo el peso (el flash, la ventana de luz y cualquier otro accesorio que utilicemos) se coloca en la parte superior del pie. Cuando levantamos un pie para moverlo, es mucho más fácil de lo que imagina chocarnos contra

algo, o perder el equilibrio y que todo se nos caiga al suelo (créame: lo he visto con mis propios ojos). El coste extra que suponen las ruedas se verá ampliamente compensado con el ahorro que le supondrá no tener que reparar su equipo, sufrir algún que otro accidente en el estudio o las visitas al fisioterapeuta.

¿Para qué se utilizan los sacos de arena?

Independientemente de lo sólidos que sean los pies que adquiera, algún día se caerán el suelo (probablemente, más pronto que tarde). En el mejor de los casos, se romperá la bombilla del foco o el flash, o quizás solamente se rasgue la ventana de luz. En el peor, el foco puede caer sobre la cabeza de su modelo, cliente, maquilladora o cualquiera de sus amigos.

Créame: no se trata de si va a ocurrir, sino (al igual que ocurre con los fallos informáticos que afectan a su disco duro) de cuándo. Por esta razón debe adquirir sacos de arena y utilizarlos siempre que coloque algún accesorio sobre un pie de luz o jirafa, o bien siempre que trabaje en exteriores. B&H Photo vende bolsas vacías que puede rellenar de arena (puede adquirir bolsas rellenas, pero tenga en cuenta los costes de envío).

También puede adquirir estos sacos en una ferretería local. Cuando los tenga listos, colóquelos al pie de su jirafa para equilibrar el peso o cuélguelos de uno de los brazos como contrapeso (como se muestra en la imagen). Tendrá una preocupación menos. Tenga cuidado al retirar las bolsas, puesto que si el peso impide que el brazo se incline, al retirar la bolsa el pie puede caer al suelo. Preste atención al retirarla.

¿Monobloques o generadores?

Un monobloque es sencillamente un flash de estudio normal que se conecta directamente a un enchufe de pared, como una lámpara normal. Si quiere utilizar flashes de estudio en exteriores, puede utilizar un generador y un cabezal de flash especial que puede funcionar sin baterías (por ejemplo, yo utilizo el kit Elinchrom Ranger, que se compone de un generador y un cabezal de flash).

La ventaja de estos kits es que le permiten transportar su estudio al exterior (la playa, el desierto, una barca...), pero la desventaja es que tendrá que utilizar cabezales de flash especialmente fabricados para ser utilizados con la batería elegida. No obstante, cada vez son más las compañías que venden generadores que le permiten conectar directamente los flashes de estudio que utiliza normalmente (por ejemplo, recientemente he venido utilizando un generador llamado Explorer CT de Innovatronix que me permite enchufar al mismo hasta dos flashes de estudio normales; comparado con los *packs* dedicados es bastante económico, más o menos la mitad de precio).

Así pues, en lugar de tener que adquirir cabezales de flash y un generador por separado, si ya dispone de sus propios flashes de estudio puede adquirir únicamente el generador. ¡Es genial!

Un mismo fondo, tres resultados diferentes

Una de las ventajas de adquirir un fondo continuo blanco es que, dependiendo de cómo lo ilumine y de la velocidad de obturación que utilice, puede obtener tres resultados diferentes. Veamos cómo:

- Para conseguir un fondo blanco, es necesario iluminarlo. Coloque una fuente de luz (idealmente, una a cada lado) en el suelo apuntando ligeramente hacia arriba para iluminar el fondo. Obtendrá un fondo blanco.

- Para conseguir un fondo gris, apague las luces del fondo. El papel blanco no necesita iluminarse para dar como resultado un tono gris, de modo que al apagar las luces obtendrá el gris deseado (un segundo color a partir del fondo blanco).

- Para obtener un fondo blanco, apague las luces y, a continuación, aumente la velocidad de obturación hasta obtener el máximo permitido por su cámara (es decir, la velocidad de sincronización máxima de su cámara, que probablemente será 1/200 o 1/250 sec.). Esto le permitirá oscurecer su fondo hasta obtener un fondo gris oscuro o negro, simplemente variando la velocidad de obturación. Básicamente lo que estamos haciendo es eliminar cualquier tipo de luz que haya en la estancia (la conocida como "luz ambiente") subiendo la velocidad de obturación.

Scott Kelby

Cómo utilizar un flash de anillo

En la fotografía de moda actual, se utilizan flashes de anillo para conseguir el *look* deseado. Un flash de anillo está formado por una serie de pequeños flashes que forman un círculo alrededor del objetivo y que proporcionan un aspecto muy plano, creando una sombra relativamente dura detrás del modelo.

En el capítulo 1, dedicado al manejo del flash, le mostré un adaptador que puede acoplar al flash externo de su cámara para imitar el aspecto del flash de anillo, ya que los flashes de anillo son bastante caros. No obstante, para aquellos usuarios que no tengan en mente convertirse en fotógrafos de moda, he encontrado un flash

de anillo a un precio razonable. Se trata del AlienBees ABR800: no es especialmente pesado comparado con otros flashes de anillo, que tienden a ser considerablemente aparatosos y pesados, pero que funciona muy bien teniendo en cuenta su precio aproximado de 300 euros (un flash de anillo puede costarle fácilmente más de 1.000 euros).

Paneles batientes en forma de "V" para fotografía de moda

Si se dedica a la fotografía de moda, es probable que realice retratos de cuerpo entero y 3/4. De ser así, quizás le interese adquirir paneles batientes en forma de V (grandes láminas de espuma de aproximadamente 2,5 metros de alto por 1 o 1,5 metros de ancho, blancos por un lado y negros por otro). Puede utilizar el lado blanco como reflector gigante para las tomas de cuerpo completo, colocándolo directamente a un lado del modelo (es decir, en el lado opuesto a su luz principal), o bien frontalmente y ligeramente ladeado y retrasado para devolver algo de luz hacia su modelo. La razón por la que estos paneles reciben el nombre de paneles en forma de "V" es que son dos paneles unidos en forma de "V" por las juntas. Esto le permitirá colocarlos en cualquier posición siempre que lo necesite, sin necesidad de utilizar ningún tipo de soporte. Además, dado que uno de los lados es negro, puede utilizarlo como bandera (para que las luces del fondo dirigidas hacia la modelo no incidan sobre la cámara y den lugar al desagradable efecto *flare*). O bien puede dirigir el lado negro hacia el modelo, lo que sustraerá luz de la escena y le dará un aspecto más dramático a su sujeto. Para ver la imagen resultante de la sesión que aquí se muestra, visite `www.kelbytraining.com/books/digphotogv3`.

Catch lights: el brillo de los ojos

¿Conoce ese reflejo de la ventana de luz que aparece en los ojos de su modelo? Es lo que se conoce con el nombre de *catch lights*, y créame: es algo deseable. Sin ellas, los ojos de nuestro modelo carecerán de chispa y tendrá un aspecto sin vida, convirtiéndose en un pozo de desesperación (quizás exagere, pero capta la idea, ¿verdad?). No

tema y no caiga en la trampa de eliminar estos reflejos en Photoshop, como algún lector me ha sugerido. Asegúrese de que esos reflejos están ahí, porque ahí es donde se supone que tienen que estar.

Scott Kelby

Dicho esto, la próxima vez que vea el trabajo de otro fotógrafo, observe detenidamente los ojos del modelo: sabrá no sólo qué tipo de ventana de luz ha utilizado (cuadrada, redonda, un paraguas, una ventana de luz octogonal, un *beauty dish*, etc.), sino que podrá adivinar incluso la posición de la luz (frontal, lateral, etcétera). Si además observa otro reflejo en la parte inferior del ojo, sabrá que el fotógrafo en cuestión ha colocado un reflector bajo la modelo para iluminar los ojos. Cada vez que observe una foto con detenimiento, estará ante una mini-lección de iluminación.

Reflectores: ¿blanco o plata?

Los reflectores son de colores diferentes, pero quizás los más populares sean el blanco, el plateado y el dorado (si bien el reflector dorado suele utilizarse en exteriores, puesto que añadir una luz cálida dorada a las luces blancas de estudio suele crear un efecto bastante extraño). Nos quedan entonces los reflectores blanco y gris: ¿cuándo utilizarlos?

He aquí un consejo general: el reflector plateado refleja mucha más luz, de manera que lo utilizaremos cuando coloquemos el reflector alejado del modelo. Si necesitamos acercar el reflector a nuestro modelo, es recomendable utilizar el reflector blanco, ya que no refleja tanta luz como el plateado.

NOTA

Cómo reducir el brillo de las gafas

Si su modelo lleva gafas, no es infrecuente ver el reflejo de las ventanas de luz. Sin embargo, no es deseable que un reflejo tan fuerte interfiera con la mirada de nuestra modelo o que oculte sus ojos. Cuando esto ocurra, desplace la luz principal hacia un lado hasta que el reflejo desaparezca (es más fácil de lo que cree, puesto que verá la luz de modelado reflejada en las gafas). Lo importante es que el reflejo desaparezca de nuestro ángulo de visión tomando como punto de referencia la cámara, y no el punto en el que se ubica la luz. Le resultará más fácil si un amigo o un ayudante mueven la luz mientras usted se sitúa al lado de la cámara y les da indicaciones, hasta que el reflejo desaparezca.

Utilice una carta de grises para "clavar" el color

Si va a post-procesar sus imágenes utilizando un programa como Photoshop o Photoshop Elements, he aquí un truco que le facilitará considerablemente el proceso de corrección del color, prácticamente automatizándolo. Una vez haya colocado las luces, pídale a su modelo que sostenga una carta de grises en la que se muestra un gris medio, gris claro, negro y blanco (como la que se muestra en la imagen) y realice una toma que muestre con claridad dicha tarjeta. Eso es todo: únicamente necesita una toma en la que la modelo sostenga la tarjeta. Cuando abra sus fotografías en Photoshop (o en Elements) abra el cuadro de diálogo de **Niveles**, haga clic en el cuentagotas gris del cuadro de diálogo y a continuación haga clic en la paleta de gris medio de la tarjeta.

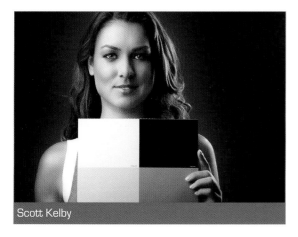
Scott Kelby

A continuación, haga clic con el cuentagotas negro en la paleta negra, con el cuentagotas blanco en la paleta blanca y... eso es todo. Habrá corregido el color de la fotografía. Puede abrir cualquier fotografía tomada con ese mismo esquema de iluminación y pulsar **Control-Alt-L** (Windows) o **Comando-Opción-L** (Mac) para aplicar exactamente esa misma corrección de color a esta nueva

fotografía. También puede utilizar la misma tarjeta para ajustar el balance de blancos en un archivo RAW. Abra la misma foto en Camera Raw de Photoshop (o en el módulo de revelado, **Develop**, de Lightroom) y utilice la herramienta **Balance de blancos** (o el panel **Basic** de Lightroom). Haga clic sobre la paleta gris clara y habrá conseguido corregir el color. A continuación puede corregir el balance de blancos de todas sus fotografías RAW copiando y pegando los ajustes de configuración a todas las fotos simultáneamente. Ahorrará mucho tiempo.

No ilumine a su modelo por igual

Las dos primeras cosas en las que el ojo humano se fija de forma natural en una foto son la parte más brillante y la parte más nítida de la misma. Tenga esto en cuenta a la hora de realizar una toma en estudio o en exteriores (incluso si utiliza un flash externo). Si ilumina a su modelo por igual, la mirada del espectador no se dirigirá donde queremos, que en la mayoría de los casos será el rostro del modelo. Para obtener un aspecto más profesional, es común que el rostro esté perfectamente iluminado y la luz vaya debilitándose a medida que descendemos por el cuerpo de nuestro modelo. La elección es suya: si quiere que la luz vaya debilitándose hasta llegar al negro, hágalo. Pero recuerde que cuando alguien observe su foto debe quedar claro a partir de la iluminación cuál es la parte de la fotografía que debe constituir el centro de atención. Una forma de controlar la luz pasa por colocarla de manera que no ilumine a su modelo por igual, o bien utilizando un panel de tela para que la luz no inunde toda la escena o incluso algún elemento que bloquee la luz e impida que el cuerpo del modelo quede iluminado por igual.

Scott Kelby

Personalmente suelo utilizar una bandera negra de tela de 24x36 pulgadas que coloco bajo la fuente de luz (por lo general, sobre un pie con brazo incorporado), de manera que la luz se concentre principalmente en el rostro de mi modelo. No es necesario que la tela bloquee

toda la luz (a menos que queramos que todo el cuerpo quede oscuro); basta con que nos ayude a reducir la cantidad de luz que incide sobre el cuerpo de la modelo. Observe los retratos de sus fotógrafos preferidos y verá cómo esta técnica de iluminación se utiliza una y otra vez para generar interés, atención e incluso para dotar a la fotografía de cierto aire dramático.

Diferencias entre la luz principal y la luz de relleno

Si trabaja con más de un flash, es posible que esté familia-rizado con los términos "luz principal" y "luz de relleno". Veamos qué significan estos términos: el flash elegido para iluminar la mayor parte del sujeto es la luz principal. Así de sencillo. Si utiliza una segunda luz que no ilumine el fondo o el pelo del modelo y la luz de ese segundo flash no es tan potente como la luz principal, entonces estamos ante una luz de relleno. Por lo general, la luz de relleno se utiliza para añadir algo de luz a la escena. Por ejemplo, supongamos que vamos a realizar una toma de perfil de nuestro modelo. La luz de perfil se situaría en uno de los lados, ligeramente por detrás del modelo. La mayor parte de la luz parece proceder de detrás del modelo, con apenas un poco de luz incidiendo sobre uno de los laterales del rostro del modelo que mira a cá-mara. ¿Qué ocurre si esta imagen nos parece demasiado oscura? Quizás le interese añadir un segundo flash frontal (personalmente, lo colocaría diametralmente opuesto al primer flash), pero en este caso reduciríamos la potencia de este segundo flash para tener una fuente de luz más pequeña (lo justo para rellenar las sombras). Puede ver el esquema de iluminación de esta fotografía en www.kelbytraining.com/books/digphotogv3). He aquí una luz de relleno: ahora conoce las diferencias entre la luz principal y la luz de relleno.

está utilizando una velocidad de sincronización demasiado rápida para sincronizar el flash con la cámara. Por regla general, la velocidad de sincronización del flash (es decir, la velocidad de obturación máxima a la que su cámara puede sincronizarse con el flash) es de 1/200 o 1/250 sec., dependiendo de la marca y modelo de su cámara. Si en su fotografía aparece esa odiosa banda negra, reduzca la velocidad de obturación a 1/250 sec. o menos, y desaparecerá.

Scott Kelby

Cómo evitar la franja negra de la cortinilla trasera del flash

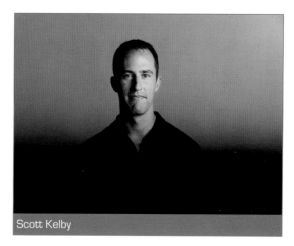

Scott Kelby

Si dispara en estudio o con un flash externo y observa una especie de barra o gradiente negro que cruza la parte inferior o lateral de su fotografía, la razón es que

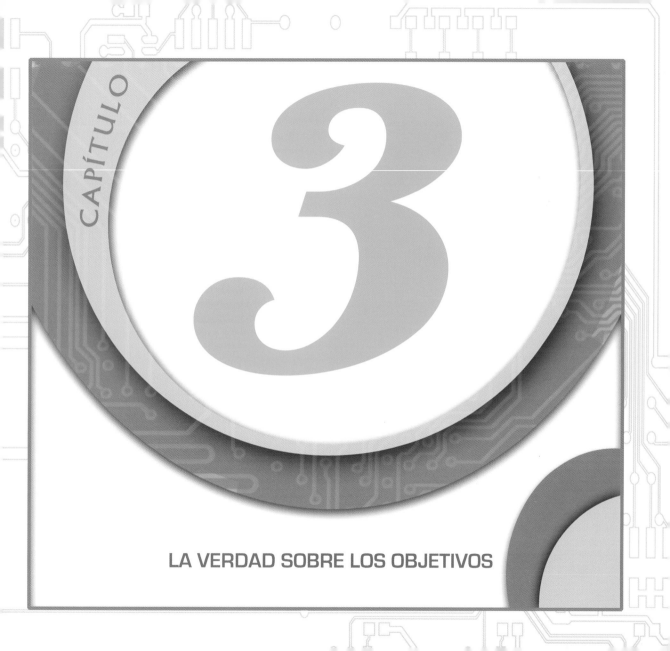

CAPÍTULO

3

LA VERDAD SOBRE LOS OBJETIVOS

Velocidad de obturación: 1/10sec
Abertura: f/3.5
ISO: 100
Distancia focal: 18 mm
Fotógrafo: Scott Kelby

Qué objetivos utilizar, cuándo y por qué

Una de las preguntas que más me plantean los lectores es qué objetivo deben adquirir a continuación. Naturalmente, antes de poder responder a su pregunta tengo que formularles otra: "¿Es muy estable su matrimonio?". Lo pregunto porque, si usted tiene un matrimonio realmente estable basado en la confianza, la compasión y un saludable temor a las pistolas, es perfectamente posible que el matrimonio dure incluso si uno de los dos miembros de la pareja se hace fotógrafo. De lo contrario, me niego rotundamente a responder a la pregunta sobre objetivos, porque no cabe la menor duda de que tener un fotógrafo en la familia pondrá a prueba su matrimonio. Por ejemplo, llegará un día en el que tenga que decidir qué prefiere: hacerse con ese objetivo f/2.8 recién salido al mercado, ultra-nítido y rápido... o seguir casado. La razón es que, en la mayoría de los matrimonios, suele ser uno de los miembros de la pareja quien controla la economía del hogar. Esa persona nunca debería ser la persona aficionada a la fotografía, porque llegará un día (acuérdese de lo que le digo) en que tendrá el recibo de la hipoteca en una mano y el catálogo de *B&H Photo* en la otra y tendrá que enfrentarse al dilema moral que pondrá a prueba su compromiso para con su pareja, familia y amigos. Comenzará a formularse preguntas ridículas, del estilo de: "¿Cómo vamos a vivir en la calle?"; "¿Nos darán de comer nuestros amigos?", o "Me pregunto si con la compra me regalarán un filtro polarizador". No son la clase de preguntas que uno quiere hacerse en ese preciso instante de su vida (por cierto:

cuanto más caro sea el objetivo, más cosas gratis debe intentar conseguir en la tienda). En cualquier caso, si algún día se ve en la obligación de enfrentarse a estas difíciles decisiones, le daré el mismo consejo que le doy a mi hija: "Cariño, siempre podrás encontrar otro marido, pero esta oferta para un objetivo tan rápido como ése sólo se ve una vez en la vida" (bueno, no pronuncié esas palabras exactamente, pero ciertamente era lo que quería decir).

¿Cuándo utilizar un angular?

Un objetivo angular (frente a un "gran angular") suele oscilar entre los 24 mm y los 35 mm. Su uso es prácticamente obligatorio en la fotografía de paisajes, puesto que el angular le permitirá captar una parte mayor de la escena (piense en la cantidad de paisaje que aparece en un vídeo en gran formato: es parecido). El angular es muy popular a la hora de realizar retratos de ambiente (esas imágenes que vemos en las revistas en las que aparece algún famoso, político o ejecutivo en el que el retrato capta una gran parte del entorno). Por ejemplo, si vamos a retratar a un bombero en su puesto de trabajo, con un objetivo angular podremos incluir también parte del camión. Puede adquirir un zoom angular (mi preferido) que le permita hacer zoom desde la posición angular hasta la normal (como un 24-70 mm) o incluso un zoom ultra-angular 12-24 mm. Utilizo este objetivo para la fotografía de paisajes con un cuerpo de cámara que no sea FF.

Las recomendaciones de Scott

Objetivo autofoco angular AF Nikkkor 24 mm f/2.8D

Objetivo autofoco angular Canon EF 24 mm f/2.8

Objetivo Sigma 28 mm f/1.8
(montura Nikon, Canon, etc.)

¿Cuándo utilizar un objetivo ojo de pez?

Estas lentes tienen un nombre apropiado, puesto que nos ofrecen una visión extraordinariamente amplia y casi circular (además, la propia lente exterior del objetivo sobresale como el ojo de un pez, pero sinceramente desconozco si estos objetivos recibieron su nombre por esta razón o por el aspecto de las fotografías). Se trata, sin lugar a dudas, de una lente de efecto especial que utilizará ocasionalmente, puesto que el aspecto que se consigue con un ojo de pez puede cansar rápidamente si se utiliza en exceso.

© iStockphoto/Derick Nguyen

Sin embargo, en las circunstancias adecuadas puede ofrecer resultados verdaderamente fascinantes: sosténgalo sobre su cabeza dentro de una multitud o mientras cena en un restaurante, y dispare hacia abajo. Una de las características de los objetivos ojo de pez es que distorsionan considerablemente la línea del horizonte.

Para conseguir el mínimo de distorsión posible, mantenga el objetivo a la altura de los ojos; pero si quiere obtener imágenes más creativas... simplemente diviértase. Utilizo este objetivo cuando me encuentro en una

multitud, para tomar fotografías desde lo alto en un espacio de deportes y quiero captar toda la escena, o cuando fotografío rascacielos.

Las recomendaciones de Scott
Objetivo ojo de pez Nikkor AF 10.5 f/2.8
Objetivo ojo de pez Canon EF 15 mm f/2.8
Objetivo ojo de pez Sigma 10 mm f/2.8 (montura Nikon, Canon, etc.)

¿Cuándo utilizar un teleobjetivo?

Si quiere acercarse mucho a su sujeto, éste es su objetivo. Podría adquirir un teleobjetivo fijo (es decir, un objetivo de longitud focal fija, como por ejemplo un teleobjetivo de 200 mm), y no un telezoom, que le permite hacer zoom desde una longitud focal (por ejemplo, 80 mm) hasta una distancia muy cercana al sujeto (por ejemplo, 300 mm). Con un teleobjetivo fijo, sin embargo, tendrá que moverse y acercarse o alejarse del sujeto si está demasiado cerca o demasiado lejos del mismo.

Un objetivo telezoom le permitirá hacer zoom desde su posición, lo que supone una enorme diferencia a la hora de componer sus fotografías. Suelo utilizar este tipo de objetivos para todo tipo de fotografías, desde retratos hasta eventos deportivos, pasando por fotografía de arquitectura. Prefiero hacer zoom y centrarme en algún aspecto interesante de la persona o del edificio, en lugar de intentar mostrar el conjunto. Utilizo este objetivo para fotografía de retrato o deportiva.

¡Potencie su creatividad utilizando un único objetivo!

La próxima vez que entre en un trance creativo, intente hacer una salida fotográfica utilizando un solo objetivo durante toda la sesión (si únicamente dispone de un teleobjetivo, elija una distancia focal angular o tele y dispare a esa misma distancia durante todo el día). El hecho de no disponer del objetivo que necesita para una toma concreta le obligará a potenciar su creatividad.

¿Cuándo utilizar un objetivo ultrarrápido?

Si dispara en interiores sin flash (por ejemplo, en el interior de una iglesia, un museo, un teatro en cualquier lugar en el que no esté permitido el uso de flash y/o trípode), necesitará un objetivo muy rápido (lo que quiere decir que la abertura máxima tendrá que ser un número muy bajo, como por ejemplo f/1.8 o, mejor aún, f/1.4).

Cuanto más bajo sea el número, menor será la cantidad de luz que necesitará para realizar la fotografía sin utilizar un trípode. Ésta es la razón por la que este dato es tan crucial. Al disparar en un lugar oscuro, la única forma de poder tomar una fotografía es reduciendo la velocidad de obturación de la cámara para que llegue más luz a ésta. Esto no supone ningún problema si la cámara está montada sobre un trípode, porque es estable. Pero si vamos a fotografiar cámara en mano (cosa que ocurrirá en iglesias, museos, etc.) y la velocidad de obturación baja de 1/60sec obtendremos fotos que, si bien parecen correctas en el visor LCD de la cámara, al abrirlas en el ordenador o en el revelado aparecerán muy movidas y serán prácticamente inutilizables.

Si utiliza una abertura de f/1.8 o f/1.4 podrá fotografiar cámara en mano multitud de lugares y obtener imágenes bastante nítidas allí donde, en otras circunstancias, obtendríamos una foto movida. En este caso, un número f menor es más. Utilizo este objetivo para la fotografía de bodas.

NOTA

Si realmente quiere conseguir imágenes más nítidas... ¡pruebe este truco!

Puede utilizar la misma técnica que los deportistas de tiro utilizan para minimizar el movimiento en el momento del disparo: contenga la respiración. Algunos fotógrafos que trabajan cámara en mano disparan solamente después de haber exhalado (o bien respiran profundamente y contienen la respiración, y a continuación disparan). Con ello se minimiza el movimiento corporal, lo que a su vez disminuye la trepidación de la cámara.

¿Cuándo utilizar un objetivo gran angular?

Si bien es posible ver este objetivo en todo tipo de fotografía creativa, desde retratos a fotografía de viajes, realmente estamos ante un objetivo nacido para la fotografía de paisajes. De hecho, es tan angular que es el objetivo ideal para la fotografía de paisajes (si es aficionado a las películas en DVD o Blu-Ray, piense en el formato anamórfico de pantalla ancha).

Estos objetivos llegan a los 11 mm; mi objetivo favorito es un 14-24 mm f/2.8. Si encuentra un objetivo por debajo de los 12 mm (por ejemplo, 11 mm o 10.5 mm), se tratará por lo general de un objetivo ojo de pez, que personalmente evitaría para la fotografía de paisajes. Ahora bien, si utiliza una cámara réflex digital *full-frame* y un zoom ultra-angular diseñado para este tipo de cámaras (como por ejemplo el Nikkor 14-24 mm f/2.8), captará una imagen mucho más amplia que si utiliza el mismo objetivo en una cámara que no sea *full-frame* o que si hubiera utilizado un objetivo normal en una cámara *full-frame*. Aquí es donde las cámaras *full-frame* verdaderamente sobresalen: cuando queremos utilizar un gran angular. De hecho, a la hora de elegir objetivos, el gran angular es probablemente el objetivo con el que más diferencias observe, porque las cámaras *full-frame* le ofrecerán un campo de visión verdaderamente amplio. Utilizo esta lente para fotografía de paisajes.

¿Cuándo utilizar un objetivo súper-tele?

Este tipo de objetivos está diseñado para acercarse mucho al sujeto fotografiado. Las distancias focales típicas de estas lentes oscilan entre los 300 y los 600 mm (o más). Son objetivos utilizados fundamentalmente en fotografía deportiva, aérea y fotografía de fauna salvaje y ornitología. Puede adquirir objetivos fijos (por ejemplo, el Canon 400 mm f/5.6), pero también se fabrican objetivos súper-tele con zoom (yo mismo utilizo el Nikkor 200-400 mm f/4). Si quiere un objetivo que le permita disparar con poca luz (un f/4 o f/2.8) tendrá que desembolsar una cantidad de dinero considerable (por ejemplo, el Canon 500 mm f/4 cuesta alrededor de 5.000 euros).

Estos objetivos son caros porque su abertura máxima permite disparar con poca luz (por ejemplo, un partido nocturno) y congelar el movimiento. Pero si va a dedicarse a la fotografía deportiva de día, podrá apañárselas con un objetivo súper-tele más barato (por ejemplo el telezoom de Canon EF 100-400 mm f/4.5-5.6, que cuesta unos 1.500 euros). Si adquiere un telezoom tendrá que hacerse con un monopie para apoyarlo. El monopie se atornilla en un brazo del objetivo. Lo uso para fotografía deportiva.

Utilice un teleconvertidor para acercarse todavía más

En el volumen 1 mencioné brevemente los teleconvertidores. Se trata de una herramienta extremadamente útil y relativamente barata para acercarse a la acción. Permite a su objetivo acercarse al motivo a fotografiar, por regla general con un factor de multiplicación de 1.4x, 1.7x o incluso 2x. No le recomiendo el teleconvertidor con un factor de 1.4x, puesto que la calidad no cambia de forma tan perceptible como ocurre con un teleconvertidor con factor 1.7x o 2x.

Siempre que adquiera un teleconvertidor de calidad (tanto Nikon como Canon fabrican teleconvertidores de buena calidad), únicamente tendrá que enfrentarse a una posible desventaja: perderá aproximadamente un paso de luz en el caso de un teleconvertidor con factor 1.4x, y más en el caso de otros teleconvertidores. Si la abertura máxima de su objetivo es f/2.8, al añadir un teleconvertidor pasará a f/4. Digo que se trata de una posible desventaja porque, si va a realizar fotografías a

plena luz del día, la pérdida de un paso de luz no supone ningún inconveniente. Pero si va a realizar fotografías en un estadio por la noche, tendrá un problema, ya que no podrá permitirse perder ese paso de luz (que podría significar la diferente entre una toma nítida y una borrosa). Utilizo los teleconvertidores para fotografía deportiva o de fauna salvaje a plena luz del día.

NOTA

Los teleconvertidores no funcionan con todos los objetivos

Antes de adquirir su teleconvertidor, asegúrese de que funciona con su objetivo. No todos los objetivos funcionan con un teleconvertidor. Consulte la página de compra del teleconvertidor, donde por regla general se enumeran los objetivos con los que funcionará.

Objetivos con estabilizador (VR o IS)

Los fabricantes de objetivos saben que los usuarios se enfrentan a dificultades a la hora de trabajar cámara en mano con sus cámaras en condiciones de poca luz, razón por la que han añadido algunas funcionalidades que automáticamente impiden que las lentes se muevan y facilitan la tarea de tomar fotografías más nítidas en condiciones lumínicas difíciles. Nikon ha bautizado su tecnología "anti-movimiento" con el nombre de VR, del inglés *Vibration Reduction*; Canon ha bautizado su sistema con el nombre de IS, del inglés *Image Stabilization*.

| Nikon | Canon |

Ambos reciben el nombre adecuado para la función que realizan: permiten mantener la estabilidad del objetivo para obtener imágenes nítidas, pero la reducción de las vibraciones o la estabilización únicamente son efectivas cuando se utilizan velocidades de obturación bajas (es decir, no notará ninguna mejora en fotografías realizadas a plena luz del día, porque la velocidad de obturación será tan alta que congelará cualquier movimiento y no hay ninguna razón para que intervengan estos sistemas). Lo que los sistemas VR e IS hacen es permitirnos trabajar cámara en mano en situaciones con poca luz. Si va a

realizar muchas fotografías en iglesias, museos, teatros y otras localizaciones con poca luz, quizás le interese adquirir un objetivo equipado con VR o IS (por lo general tienen un coste adicional). Además, no encontrará esta funcionalidad en objetivos rápidos de por sí, como por ejemplo f/1.8 o f/1.4. Una cosa más: si dispara con trípode, desactive el sistema de reducción de vibraciones o estabilización de la imagen (con la palanca del objetivo) para reducir cualquier posible vibración causada por el VR o IS en busca de movimiento.

NOTA

Cómo utilizar el sistema Active VR en Nikon

Si dispone de una cámara Nikon, su objetivo VR puede estar equipado con un ajuste Active, que únicamente necesita estar activado cuando esté en un lugar en movimiento (por ejemplo, fotografiando desde un barco, un coche en movimiento, o un puente en suspensión).

Cómo utilizar filtros en los objetivos

Existen, literalmente, cientos de filtros diferentes que puede acoplar a su objetivo, ya sea para solucionar un problema (por ejemplo, para captar una imagen para la que su cámara no le permite exponer correctamente), o para crear un efecto especial. Personalmente, sólo poseo tres filtros, y uno de ellos ni siquiera lo utilizo como tal. Son los siguientes:

- **Filtro de densidad neutra:** Es un filtro ideal para la fotografía de paisajes que permite solucionar el problema que surge cuando exponemos correctamente una parte del paisaje y el cielo queda completamente deslavado. Coloque el filtro delante del objetivo y el cielo se oscurecerá: tanto el cielo como el paisaje en sí estarán correctamente expuestos (consulte el capítulo 5 para obtener más información sobre este tipo de filtros).

- **Polarizador circular (mostrado en la imagen):** Se trata de otro filtro utilizado en la fotografía de paisajes del que no debería carecer ningún paisajista que se precie. Los filtros polarizadores están diseñados para reducir los reflejos (por ejemplo, en lagos y corrientes de agua); no obstante, la mayoría de los fotógrafos los utilizan para oscurecer el cielo. Es

el equivalente de colocar unas gafas de sol sobre el objetivo: el mundo adquiere un aspecto mucho menos brillante.

- **Filtro UV:** Técnicamente, estos filtros impiden que los rayos ultravioleta lleguen al objetivo, pero todos los utilizamos para proteger la lente frontal del objetivo y evitar que se raye. El filtro sirve como capa protectora entre el objetivo y cualquier elemento que pudiera rayarlo o, peor aún, romperlo. Son muy baratos, y si el filtro se rompe o se raya, bastará con sustituirlo. La vida sigue. Raye el objetivo, y sus vecinos podrán oír sus gritos a varias calles de distancia. Todos mis objetivos están protegidos con un filtro UV.

Parasoles

Además de dar a su objetivo un aspecto más alargado y "profesional", el parasol cumple dos funciones muy importantes (una conocida, la otra no tanto). La primera es que el parasol evita que los rayos del sol o la luz del flash incidan sobre la lente frontal del objetivo y estropeen sus fotos. La mayoría de los objetivos de calidad de la actualidad incluyen un parasol específicamente diseñado para funcionar con ese objetivo concreto. La segunda función, algo menos conocida, es la de proteger el objetivo frente a rayones o roturas cuando llevamos la cámara colgada al hombro. Ni se puede imaginar la de veces en las que he golpeado mi objetivo contra alguna silla, la esquina de una mesa o incluso contra una pared tras dar la vuelta a la esquina; sin embargo, no oigo más que el sonido del plástico. De no contar con un parasol, tendría a fecha de hoy montones de objetivos rayados o rotos; pero hasta el momento no he sufrido ningún percance. Siempre coloco el parasol sobre el objetivo.

Parasol

Además, molan (no le diga a nadie que he dicho eso). Por cierto: a la hora de guardar la cámara, guarde el parasol invertido sobre el objetivo. Utilizo el parasol siempre que viene incluido con el objetivo, y siempre lo mantengo acoplado a éste.

¿Cuándo utilizar un objetivo macro?

Los objetivos macro se utilizan cuando queremos fotografiar algo desde muy, muy cerca. ¿Alguna vez ha visto esas fotografías de abejas, flores o mariquitas captadas con todo detalle? Eso es una fotografía macro. Los objetivos macro dedicados sólo hacen una cosa, pero lo hacen realmente bien. He aquí algunos aspectos que debe conocer sobre este tipo de objetivos:

 Un objetivo macro tiene una profundidad de campo muy reducida; tanto, que puede estar fotografiando una flor y tener el pétalo frontal perfectamente enfocado y un pétalo en el lado opuesto tan desenfocado que apenas pueda distinguirse lo que es.

Esta escasa profundidad de campo es uno de los aspectos que me encantan de los objetivos macro, pero también plantean un reto a la hora de intentar enfocar las diferentes partes de una imagen (intente utilizar una abertura de f/22 para conseguir el mayor foco posible). Es recomendable mantener la lente en posición horizontal y no inclinarla hacia arriba o hacia abajo cuando se pretende conseguir una mayor profundidad.

- Cualquier pequeño movimiento o vibración dará como resultado una foto fuera de foco, de manera que es absolutamente recomendable utilizar un trípode para la fotografía macro. Utilice un cable disparador para no tener que tocar la cámara (una posible fuente de vibraciones). Para obtener más información sobre los cables disparadores, consulte el volumen 1.

¿Cuándo utilizar un objetivo descentrable?

He aquí el objetivo más especializado del mercado. Se utiliza fundamentalmente en fotografía de arquitectura, ya que permite descentrar parte del propio objetivo para

evitar las distorsiones en los edificios. Los fotógrafos de arquitectura profesionales no se desprenden de ellos y muchos se niegan a realizar fotografía de arquitectura sin uno de estos objetivos. Naturalmente, debido a su carácter especializado, son bastante caros.

NOTA

Si compra un filtro, asegúrese de que tiene el diámetro adecuado para su objetivo

El filtro que adquiere debe poder acoplarse en el objetivo. Algunos objetivos tienen un diámetro mayor que otros: asegúrese de adquirir un filtro que tenga el mismo diámetro (en milímetros) que su objetivo. Por ejemplo, mi objetivo 18-200 mm utiliza un filtro de 72 mm, pero mi 70-200 mm utiliza un filtro de 77 mm. ¿Quiere saber cuál es el diámetro de su objetivo? Visite la página Web de B&H Photo (www.bhphotovideo.com) y encuentre su objetivo: verá varios accesorios enumerados junto al mismo que le mostrarán el tamaño adecuado. Además, si compra un filtro y quiere utilizar en un objetivo de tamaño algo diferente, puede adquirir un adaptador de anillo que le permitirá ajustar el filtro.

Limpieza del objetivo

Si el objetivo tiene alguna mancha, polvo o suciedad, esa pequeña mancha aparecerá en todas y cada una de las fotografías que tome. Por esta razón, es importante mantener el objetivo limpio antes de comenzar la sesión y limpiarlo siempre que vea algún artefacto extraño sobre la lente.

La mayor parte del tiempo bastará con utilizar un sencillo paño de limpieza apto para lentes, pero antes es recomendable soplar sobre la superficie del objetivo (puede soplar directamente, aunque es recomendable utilizar una sencilla pera de farmacia). Una vez hayan desaparecido las motas de polvo más visibles, puede limpiar la lente frontal utilizando un paño apto para lentes, con un suave movimiento circular. Puede adquirir un sencillo kit de limpieza de lentes por unos 10 euros en el que se incluye una pera y una gamuza. El kit más útil es el LensPen, que incluye una pequeña brocha de pelo suave con una pequeña cuña de limpieza en el otro extremo. Funciona a la perfección.

NOTA

Los teleobjetivos suelen incluir un brazo adaptador

Los teleobjetivos suelen incluir un brazo adaptador que permite acoplarlos a un monopie. Pero existe un segundo aspecto interesantes: desatornillando una pequeña tuerca, podrá rotar su cámara de forma instantánea y ponerla en posición vertical sin mover el objetivo. De este modo, puede pasar el disparo horizontal al vertical en dos segundos.

¿Cuándo utilizar el anillo de enfoque manual?

La mayoría de los objetivos permiten desactivar la funcionalidad de autoenfoque y enfocar manualmente, pero muchos de los objetivos que se fabrican en la actualidad le permiten ambas cosas: puede empezar dejando que el autoenfoque configure el enfoque inicial para después anularlo ajustando el enfoque de forma manual, utilizando para ello el anillo de enfoque manual (normalmente ubicado en el extremo más alejado del objetivo).

Anillo de enfoque manual

Algunos fotógrafos utilizan esta técnica siempre (comienzan con el enfoque automático y posteriormente ajustan el enfoque manualmente), pero muchos (incluido yo mismo) simplemente confiamos en las funcionalidades del enfoque automático. Si prefiere ajustar el enfoque utilizando el anillo de enfoque manual, deje que el enfoque automático se encargue de bloquear el enfoque sobre el sujeto antes de utilizar el anillo manual.

¿Objetivos con factor de multiplicación o full-frame?

Probablemente ya habrá oído hablar de que la mayor parte de las cámaras digitales (y entre ellas, las cámaras réflex digitales) tienen lo que se conoce como "factor

---

NOTA

¿Es necesario comprar un objetivo rápido para trabajar en estudio?

Con el paso de los años, me he encontrado con muchos fotógrafos que han empleado una buena cantidad de dinero en adquirir objetivos ultrarrápidos (f/2.8 o f/4: recuerde que, cuanto más rápido sea el objetivo, más caro será), pero que realizan principalmente (cuando no exclusivamente) fotografías en estudio. Es una forma de tirar el dinero, puesto que raras veces dispararán a f/2.8 o f/4, ya que no van a disparar en situaciones con poca luz (después de todo, trabajan en estudio: si quieren más luz, pueden aumentar la potencia de sus flashes). Supongo que la moraleja de esta historia es: si no va a disparar en situaciones con poca luz, no necesita objetivos excesivamente caros ni rápidos. Ahórrese el dinero para adquirir otras herramientas y accesorios para su estudio (¿ve? Seguro que pensaba que le iba a decir "ahórrese el dinero" y punto, pero como ve ya he encontrado un nuevo destino para sus ahorros; por ejemplo, unos flashes de estudio).

de multiplicación". Esto quiere decir que el número de milímetros que aparecen sobre el objetivo utilizado en una cámara digital son diferentes al número de milímetros que cuando ese mismo objetivo se utiliza en una cámara de 35 mm analógica.

Por ejemplo, si coloca un objetivo 85 mm tradicional en una cámara digital, realmente no está trabajando a 85 mm. En una cámara Nikon, el factor de multiplicación es de 1,5; es decir, que un objetivo 85 mm le dará el mismo resultado que un 127 mm en una cámara analógica. En Canon, este factor de multiplicación es de 1,6, con lo que un 85 mm equivale a un 135 mm. Esto ha vuelto locos a los fotógrafos que han dado el salto de la fotografía química a la digital, puesto que en su cabeza

85 mm deberían equivaler a 85 mm. No obstante, ahora se han puesto de modas las cámaras digitales *full-frame*, donde 85 mm vuelven a ser los mismos 85 mm de antes. No hay factor de multiplicación: el objetivo es el que es. ¡Ah, pero hay un truco! (siempre hay un truco). Si coloca un objetivo fabricado para una cámara digital estándar en un cuerpo *full-frame*, el objetivo recortará la foto hasta las dimensiones que determine el factor de recorte. Esto quiere decir que incluso si adquiere una cámara *full-frame*, no podrá utilizar todas sus funcionalidades a menos que adquiera objetivos especialmente diseñados para funcionar con cámaras *full-frame*. Dicho esto, algunas de los objetivos de gama alta más caros funcionan a la perfección en cámaras *full-frame* sin recortar la imagen. ¿Cómo sabe qué objetivos son compatibles con una cámara *full-frame* y cuáles no? En `www.kelbytraining.com/books/digphotogv3` puede ver un listado que he creado para usuarios de Nikon y Canon.

El viñeteado: cómo eliminarlo

¿Alguna vez ha tomado una fotografía y al verla en el ordenador ha observado que las esquinas de la imagen parecen algo más oscuras que el resto de la foto? Se trata de algo bastante frecuente, especialmente cuando se utilizan objetivos gran angular y objetivos de menor calidad, más baratos. Es un fenómeno conocido con el nombre de "viñeteado": se trata de un problema causado por el propio objetivo que termina por afectar a sus fotografías. Afortunadamente, la mayoría de los programas de edición fotográfica (Photoshop, Photoshop Lightroom, Photoshop Elements, etc.) permiten eliminar este viñeteado.

Scott Kelby

Por ejemplo, en la ventana de Camera Raw tanto de Photoshop como de Elements, haga clic en la pestaña **Correcciones de lente**. Verá una sección donde podrá eliminar el viñeteado. Arrastre el deslizador **Cantidad** hacia la derecha para aclarar las esquinas. El deslizador de **Punto medio** determina hasta dónde se extenderá el aclarado: si quiere que llegue hasta la esquina, arrastre el deslizador hasta el extremo izquierdo. Si la zona oscurecida ocupa gran parte de su fotografía, arrástrelo hacia la derecha. En apenas unos segundos habrá terminado con el problema

del viñeteado. Si utiliza Lightroom dispone de los mismos controles en el módulo de revelado (**Develop**), dentro del panel **Vignettes**. En `www.kelbytraining/books/digphotogv3` puede encontrar un breve vídeo en el que se explica cómo eliminar el viñeteado (en inglés).

¿Por qué algunos objetivos tienen dos aberturas?

Cuando vea que su objetivo marca dos aberturas diferentes, eso quiere decir que en la longitud focal más corta (por ejemplo, en un objetivo 18-200 mm hablaríamos de los 18 mm), la abertura puede llegar a f/3,5; pero si hace zoom hasta 200 mm, la máxima abertura que podrá alcanzar es f/5,6. Entre una longitud focal y otra, la abertura irá aumentando gradualmente (por ejemplo, en 100 mm es probable que la abertura máxima sea f/4). Esto le indica dos cosas. En primer lugar, si dispara utilizando la longitud focal más corta (18 mm), podrá realizar fotografías con mucha menos luz que a 200 mm (cuanto más baja sea la abertura, menos luz necesitará para trabajar cámara en mano y obtener fotografías nítidas). En segundo lugar, sabrá que está ante un objetivo más barato. Un "buen cristal" (como normalmente se conocen) tiene una abertura constante (es decir, mantiene el mismo número f a lo largo de todo el rango del zoom). Supongamos que se tratara de un objetivo f2.8, como el Nikon 70-200 f/2.8 VR, que puede disparar a f/2.8 tanto a 70 mm como a 200 mm.

Cuando necesite enfocar con rapidez, active la limitación de enfoque

Siempre que utilizamos el enfoque automático, el objetivo realiza una búsqueda en toda la escena, empezando a unos centímetros de nosotros hasta el infinito, y bloquea el enfoque en el punto que cree que nos interesa. Este proceso apenas lleva un segundo o dos, pero cuando nuestro objetivo de interés está realmente alejado (por ejemplo, en la fotografía deportiva o un pájaro sobre un árbol) puede cambiar el modo de enfoque de su objetivo de Full (Completo) a Limit (Límite), lo que indica al objetivo que no intente enfocar nada que está a menos de 3 metros aproximadamente. La cámara enfocará con mayor rapidez y no se perderá la escena.

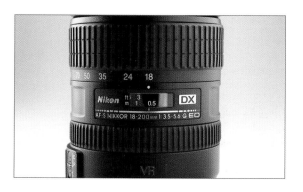

Trucos para cambiar de objetivo

Si tiene más de un objetivo, probablemente cambiará de objetivo en el transcurso de una sesión. Si es el caso, debe estar al corriente de algunos detalles. En primer lugar, no es necesario apagar la cámara para cambiar el objetivo. Si bien es cierto que algunos puristas opinan que el sensor, todavía cargado, atraerá polvo y bla-bla-bla, personalmente no conozco a ningún profesional que apague la cámara para cambiar el objetivo. No obstante, cuando cambie el objetivo, para impedir que el polvo caiga sobre la cámara, no deje el cuerpo abierto hacia arriba.

Está pidiendo a gritos que le entre polvo en el sensor: incline el cuerpo de la cámara hacia abajo, en dirección al suelo. Además, si está trabajando en un entorno lluvioso o polvoriento (supongamos que está en el Cañón del Antílope, en Arizona, donde el polvo desciende constantemente), no cambie el objetivo: espere a llegar a una zona tranquila y cámbielo entonces. Idealmente, no es recomendable dejar el cuerpo de la cámara sin cubrir durante un periodo de tiempo prolongado: no tarde cinco minutos en cambiar el objetivo. Extraiga el primero y acople inmediatamente el segundo. No tiene que darse prisa (no queremos que nada se rompa) pero no se demore en exceso.

NOTA

¿Qué hacer si el enfoque automático deja de funcionar?

En primer lugar, compruebe que no se ha desactivado el enfoque automático en el objetivo. Si está activado, retire el objetivo de la cámara y vuelva a acoplarlo. Este pequeño truco funciona siempre.

¿Cuándo utilizar un zoom "todoterreno"?

Los objetivos de Nikon y Canon que gozan de mayor popularidad son los teleobjetivos 18-200 mm, puesto que pueden hacerlo todo: desde un angular a un tele-zoom, sin necesidad de cambiar de objetivo. Lo mejor de todo es que son objetivos compactos, bastante ligeros y relativamente baratos comparados con algunos de los

objetivos zoom más caros con un menor rango focal. Se trata de objetivos ideales para la fotografía de viajes, cuando no queremos cargar con una bolsa muy pesada todo el día, o paseos fotográficos, fotografía urbana o incluso fotografía de paisajes con trípode.

No faltarán fotógrafos en foros de Internet que aseguren que estos objetivos no son aptos para ellos, porque o bien no son tan nítidos, o no son tan sólidos como otros objetivos más caros. No se fíe: no conozco a ningún fotógrafo dueño de uno de estos objetivos que no esté encantado con él. Con uno de estos objetivos en la cámara, nunca podrá decir: "Vaya, me he perdido esa foto por no tener el objetivo adecuado". Es un objetivo todo en uno. En cuanto a calidad, tengo una fotografía de 70x100 colgada en las paredes de mi casa que enmarqué después de tomarla con uno de estos objetivos durante unas vacaciones. A todos los encanta y tiene una nitidez perfecta. Utilizo este objetivo cuando me voy de vacaciones.

¿Cuándo utilizar un objetivo Lensbaby?

Antes de hablar de este tipo de objetivo, permítale avisarle: los objetivos Lensbaby causan adicción entre sus usuarios. Ni se puede imaginar la de veces que un fotógrafo amigo conocido ha comprado uno de estos objetivos y no lo ha quitado de su cámara.

Con uno de estos objetivos se puede fotografiar todo: desde el nacimiento de un hijo a un lanzamiento espacial, porque son sencillamente adictivos. El Lensbaby nos ofrece una fotografía en la que una zona está perfectamente nítida y enfocada y el resto de la imagen aparece completamente desenfocado y borroso, lo que da como resultado un aspecto lleno de energía, movimiento y diversión. Naturalmente, el aspecto final de la foto sólo es parte de su atractivo: es la sensación de interactividad que hace que uno sienta que está "creando una imagen", y no sólo tomando una fotografía. Utilizo este objetivo cuando tengo ganas de retratar algo verdaderamente creativo.

¿Qué es un objetivo para retratos?

Existen determinados objetivos que se conocen con el nombre de "objetivos para retratos". Los lectores suelen preguntarme cuáles son los mejores objetivos para retratos. Es una buena pregunta para la que no resulta fácil ofrecer una respuesta. En términos generales, un objetivo para retratos sería un objetivo de longitud focal fija entre los 85 mm y los 105 mm. Pero hay un problema: ¿recuerda lo que hemos dicho sobre el factor de multiplicación y las cámaras *full-frame*? Un objetivo 85 mm montado sobre una cámara digital de formato normal equivale aproximadamente a un 120 mm, ¿no es así? Dicho esto, quizás recuerde lo que mencionamos en el volumen 2, donde aconsejábamos utilizar objetivos de mayor longitud focal para retratos, puesto que la compresión de este tipo de objetivos da como resultado un aspecto más favorecedor al rostro (en el volumen 2 hay una comparación de ambos estilos). Por esta razón, muchos fotógrafos de moda utilizan objetivos 70-200 mm y suelen trabajar en el rango de los 200 mm para primeros planos (especialmente si el modelo tiene caspa; ¡lo siento, no he podido resistirme!). He utilizado objetivos 85 mm en cámaras *full-frame*, pero el resultado no me agrada tanto como el que ofrece un 85 mm en una DSLR con factor de recorte. Dentro de mi estilo, prefiero trabajar en el rango de los 120 mm. Si utiliza un telezoom, pruebe ambas distancias y vea cuál le resulta más agradable. Lo que quiero decir es que no tiene que adquirir obligatoriamente un objetivo específico para retratos. Los zoom que se fabrican en la actualidad le servirán y, siempre que trabaje por encima de los 100 mm, estará satisfecho con los resultados.

Focales fijas o zooms

Debe ser consciente de una cosa cuando piense en los objetivos: los usuarios suelen prestar mucha atención a los aspectos técnicos de los objetivos, y éstos son una fuente inagotable de debates en los foros de Internet;

hay gente que llega a adoptar una actitud verdaderamente condescendiente sobre qué objetivos se deben o no utilizar. Un debate que aparece una y otra vez es el relativo a las focales fijas frente a los zoom. Hay usuarios que insisten en que las focales fijas (es decir, los objetivos que tienen una distancia fija y no hacen zoom) son notablemente más nítidos que los zoom.

Creo que, en algún punto de la historia de la fotografía, no cabe duda de que esto era así. Los zoom eran de menor calidad y las focales fijas seguían ofreciendo una mayor calidad (además, tanto antes como ahora permiten enfocar desde una menor distancia). Personalmente, no obstante, no creo que éste sea el caso con los teleobjetivos de calidad que se fabrican en la actualidad (no estamos hablando de cualquier zoom, sino de los zooms de alta calidad con una abertura constante en todo su rango focal de f/2.8). Creo que son poquísimos los fotógrafos que podrían decir a simple vista si una fotografía se ha tomado con una focal fija o con un teleobjetivo. Creo que se trata más de una diferencia percibida pero no real, pero nuevamente, esto es lo que da lugar a estos recurrentes debates. Estoy seguro de que mis palabras enfurecerán a los partidarios de las focales fijas, pero he hablado directamente con fabricantes que producen tanto focales fijas como teleobjetivos y me aseguran que, con los teleobjetivos de calidad de hoy, no existen diferencias de nitidez notables entre unas y otras. Dicho esto, yo poseo dos focales fijas. Son muy nítidas, exactamente igual que mis teleobjetivos. En cualquier caso, no se deje atrapar en estos debates. Son sólo objetivos, no una religión.

En un objetivo f/2.8, estaríamos hablando de una apertura dos pasos por encima, es decir f/5.6. ¿Obtendrá fotos más nítidas a f/5.6 que a f/2.8? ¡Sí!

Utilice la abertura que le ofrezca mayor nitidez

En el volumen 1 ya mencionamos esta técnica, dentro del capítulo dedicado a cómo obtener fotografías nítidas. No obstante, no puedo dedicar un capítulo entero a los objetivos sin incluirla de nuevo, puesto que se trata de una técnica verdaderamente importante. Todos los objetivos tienen un punto ideal, una abertura concreta en la que el objetivo le ofrecerá la imagen más nítida que sea capaz de ofrecerle. ¿Dónde se encuentra este punto? Por lo general, dos pasos por encima del número f más bajo al que pueda llegar su objetivo.

NOTA

El traductor de Scott

Al hablar de objetivos, la expresión "muy abierto" hace referencia a la máxima abertura que le permita su objetivo, como por ejemplo f/2.8 o f/4. Naturalmente, bastaría con decir "f/4", pero no queda tan chulo como decir "estaba fotografiando con el objetivo muy abierto, a f/4". Sé que se está riendo por lo bajo, pero ¡espere a reunirse con sus amigos en una fiesta de objetivos y ya verá lo que ocurre cuando utilice estas palabras!

Pero mi amigo tiene ese mismo objetivo y...

Antes o después, tenía que pasar. Todos tenemos algún amigo que se dedica a la fotografía y que nos cuenta que ha utilizado un ojo de pez para fotografiar a un grupo de ejecutivos, o un súper teleobjetivo de 400 mm para fotografiar a un bebé. Y entonces usted dirá: "¡Pero Scott Kelby dice que los ojos de pez no sirven para retratos, para fotografiar bebés tienes que utilizar un objetivo para retratos!". Veamos: cuando compramos un objetivo, lo utilizamos para todo tipo de fotografías. De hecho, debería hacerlo: es su objetivo, pruébelo en la mayor cantidad de situaciones que le resulte posible. Y eso es sólo la mitad de la diversión. Quién sabe si no le veremos fotografiando la sala de un tribunal con un ojo de pez, o utilizando un descentrable para una ceremonia de graduación... No pasa nada. Mi intención en este capítulo ha sido la de ofrecerle algunos consejos generales e indicarle qué tipo de objetivo suele utilizarse más frecuentemente para determinados tipos de fotografía. Pero

dado que estamos hablando de objetivos, cualquiera le servirá para tomar una fotografía con tan sólo apretar el disparador de su cámara. No se sienta mal si utiliza un objetivo para una tarea para la que normalmente no suele utilizarse. Esto tiene un nombre: creatividad. ¡Diviértase, y no deje que nadie le diga cómo hacer las cosas! Es su objetivo, así que... ¡adelante!

CAPÍTULO

4

FOTOGRAFÍA PROFESIONAL DE PRODUCTO

Velocidad de obturación: 1/1000sec
Abertura: f/4.8
ISO: 200
Distancia focal: 50 mm
Fotógrafo: Scott Kelby

Cómo conseguir fotografías con el aspecto que siempre ha deseado

La primera vez que lea este capítulo tendrá que plantearse la siguiente pregunta: "¿Y para qué necesito yo saber cómo hacer fotografías profesionales de producto?". Hay toneladas de razones (la fotografía de producto puede ser muy divertida), pero la más evidente es que la fotografía de producto es crucial para cualquier fotógrafo que venda cosas en eBay. Ahora bien, quizás piense: "¡Pero si yo no me dedico a vender cosas en eBay!". Cierto, lo cual me hace saber una cosa: que éste es el primer capítulo del libro que ha empezado a leer porque, aunque este libro no está diseñado para impulsarle a comprar más cosas, la triste realidad es que para obtener los mismos resultados que obtiene un profesional, en ocasiones hay que comprar bastantes trastos (accesorios, luces, filtros, etcétera). No tienen por qué ser cosas muy caras, pero sigue siendo necesario comprarlas. Ahora bien, si tiene que comprar cosas, estamos hablando de que probablemente alguien necesitará las cosas que usted ya tiene, ¿no es así? Por ejemplo: si se ha comprado un "kit" de cámara digital (ya sabe, esos kits que incluyen cámara y objetivo) y ya ha leído el capítulo dedicado a los objetivos, indudablemente verá un objetivo que le interesa. Pero se planteará si "realmente necesito ese objetivo, si con el que tengo ya es suficiente". Pero cuanto más lo piensa, más se repite: "Si vendiera mi objetivo viejo y algún que otro cachivache que ya no utilizo, probablemente podría comprarme ese otro objetivo". Y claro: la forma más sencilla de vender sus cosas viejas es a través de eBay (que prácticamente se inventó para disfrute de los fotógrafos). Lo cual nos lleva directamente a la idea de: "Y, ahora, necesito una fotografía del producto". Momento en el que se dará cuenta de que acaba de quedar atrapado en el tiovivo de la compraventa de equipo fotográfico. Una vez se haya subido a él, le resultará más fácil desengancharse de las drogas que bajarse del tiovivo fotográfico, porque hay centros de rehabilitación para drogodependientes, pero no hay ninguna clínica de rehabilitación para fotógrafos. Así que lo mejor que puede hacer es saltarse este capítulo y seguir con su vida como si tal cosa. ¿Lo ve? Me preocupo por usted.

Cómo crear reflejos reales

En la fotografía profesional de producto, verá normalmente un reflejo que aparece debajo del producto. Si bien es posible crear estos reflejos durante la fase de pos-

tprocesado en Photoshop, es más sencillo crear reflejos reales. Además, dependiendo del ángulo que adopte el producto, la creación de reflejos en Photoshop puede resultar muy sencilla o convertirse en una auténtica pesadilla: es mucho más cómodo hacerlo durante la toma. La forma más sencilla de conseguir este tipo de reflejos pasa por fotografiar el producto sobre una lámina de metacrilato (transparente u opaco).

NOTA

Cómo crear falsos reflejos en Adobe Photoshop

Si necesita crear un reflejo, siga estos pasos: haga una selección alrededor del producto y pulse **Control-J** (Windows) o **Comando-J** (Mac) para colocar el producto en una capa separada. Vaya al menú Edición>Transformar>Voltear vertical. El producto se volteará 180 grados. A continuación, mantenga pulsada la tecla **Mayús** y arrastre el producto hacia abajo hasta que los dos "fondos" se toquen. En el panel Capas, reduzca la opacidad de esta capa hasta un 20 por 100. ¡Eso es todo!

Coloque una lámina rectangular de metacrilato sobre el fondo (puede encontrarlas en cualquier tienda de bricolaje). Además, el metacrilato es extremadamente útil para muchas otras tareas, como veremos en sucesivos capítulos.

Utilice espejos para lugares de difícil iluminación

En la fotografía de producto, es muy importante asegurarse de que el producto esté correctamente iluminado. En ocasiones, es difícil iluminar los pequeños recovecos con nuestra fuente de luz, razón por la que le encantará este truco: compre un par de espejos abatibles de tocador (asegúrese de que pueden inclinarse).

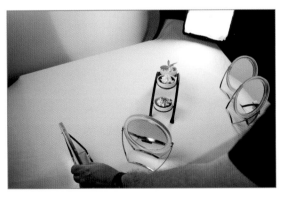

Coloque un par de espejos fuera de la composición, apuntando directamente a la zona que quiere iluminar. Los espejos reflejarán la luz del estudio en esas zonas; si utiliza luz continua en su fotografía de producto, podrá utilizar estos espejos como pequeños focos: si mueve el espejo adelante y atrás, podrá ver el rayo de luz, que podrá dirigir a voluntad. La primera vez que juegue con los espejos, se sorprenderá.

Si utiliza flashes de estudio es algo más complicado, pero puede aumentar la potencia de las luces de modelado y utilizar esa luz para apuntar a los espejos.

Simplemente, ha de saber que al disparar el flash, la cantidad de luz que recaiga sobre las zonas en sombra será mucho más brillante. Lo bueno de utilizar este tipo de espejos es que son muy baratos, ligeros y lo suficientemente pequeños como para caber en su mochila.

NOTA

Qué espejos comprar

Asegúrese de no comprar un espejo excesivamente grande: dado que no queremos que se interpongan en nuestro camino, no deben superar los 12 centímetros de diámetro. Además, si opta por un espejo con lupa en uno de sus lados, podrá obtener dos fotografías diferentes.

Iluminación en contrapicado

Un técnica extremadamente popular en la fotografía de producto consiste en incluir una luz en contrapicado en nuestro esquema de iluminación. Verá este aspecto en gran parte de la fotografía de producto; esta técnica ofrece resultados magníficos cuando el producto está colocado sobre superficies transparentes (como, por ejemplo, una superficie de cristal).

Ahora bien, probablemente se estará preguntando cómo hacer que la luz pueda atravesar la mesa para llegar al producto. La respuesta es... ¡el metacrilato! En lugar de colocar el producto sobre un fondo blanco y colocar el metacrilato sobre el fondo, eliminaremos el fondo blanco y utilizaremos el metacrilato como si fuera una mesa (si va a trabajar con esta técnica con frecuencia, le recomiendo que adquiera una plancha de metacrilato de mayor grosor en la ferretería).

Mantenga suspendida la pieza de metacrilato entre dos soportes de luz (puede incluso utilizar dos caballetes o el respaldo de una silla) y coloque la fuente de luz directamente debajo del objeto a fotografiar apuntando hacia arriba.

NOTA

Cómo concentrar la luz en contrapicado

En la iluminación en contrapicado, realmente no queremos que la luz se derrame por toda la estancia, sino que necesitamos que el haz de luz se concentre hacia arriba. Para ello, podemos utilizar un panel de abeja que le ayude a centrar el foco de luz, pero muchos fotógrafos simplemente colocan corcho o banderas negras alrededor de la fuente de luz. He llegado incluso a ver proyectos de bricolaje casero donde el foco o flash se coloca sobre un pequeño soporte dentro de una caja de cartón; posteriormente se recorta la caja lo suficiente para poder ajustar el foco en su interior.

La ventaja de utilizar una tienda de luz

Las tiendas de luz para fotografía de producto son ahora más populares que nunca, ya que permiten conseguir una luz suave y equilibrada que envuelve a todo el producto, al tiempo que se evitan los desagradables problemas de sombras con los que probablemente se topará si utiliza varias fuentes de luz. Tanto las sombras como la luz suave son problemáticas. Contar con uno de estos cubos facilita enormemente la fotografía de bodegones.

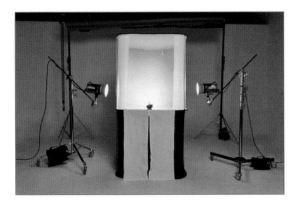

Coloque una fuente de luz a ambos lados del cubo o a un lado, y quizás una luz en contrapicado desde abajo si su cubo admite esta posibilidad (como el Studio Cubelite de Lastolite, de la imagen). La parte frontal del cubo muestra el objeto a fotografiar. La luz rebota por el interior del cubo creando un efecto maravilloso; los resultados son sorprendentemente buenos, sin necesidad de ser un maestro de la iluminación. Si va a dedicarse a la fotografía de producto, especialmente si va a fotografiar relojes o joyería, considere la compra de uno de estos cubos.

Luz continua

Si bien a lo largo de los años he utilizado muchas veces flashes de estudio para la fotografía de producto, actualmente utilizo luces continuas, como por ejemplo la Westcott TD5 Spiderlite. No son flashes, sino luces que permanecen encendidas durante toda la sesión y ofrecen una luz a temperatura de luz de día. Dado que utilizan bombillas fluorescentes, no se calientan y puede utilizarlas para fotografiar comida (como puede ver en la imagen del restaurante que aquí se muestra). Este tipo de iluminación es perfecta para la fotografía de producto, ya que le permite ver exactamente el resultado: no es necesario realizar pruebas, ajustar las luces y volver a disparar, porque lo que vemos es lo que nuestra cámara va a captar. Exceptuando el hecho de que pueden mantenerse encendidas todo el tiempo, funcionan exactamente igual que los flashes de estudio y cuentan con accesorios muy similares, como por ejemplo ventanas de luz de todos los tamaños, paneles de tela y muchos accesorios más. No obstante, dado que siempre están encendidas, no tendrá que preocuparse por usar un disparador inalámbrico o cables para el flash.

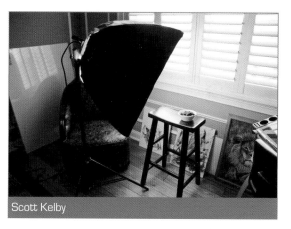

Scott Kelby

Suelo recomendárselas a mis amigos; todo están encantados. Puede optar por un kit de una sola luz (que incluye el aparato en sí, la ventana de luz, el brazo y el soporte, aunque tendrá que comprar las bombillas por separado) por unos 400 euros. Además, puede adquirir el aparato por separado por unos 200 euros, pero tendrá que adquirir las bombillas por separado.

Mezcle la luz diurna con las luces de estudio

Si dispone de espacio suficiente con luz natural, puede realizar sus fotografías utilizando únicamente luz natural; el problema radica en conseguir que la luz envuelva por completo al producto.

Por esta razón la adición de una luz de estudio mezclada con la luz natural puede marcar la diferencia. Suelo recurrir a esta técnica cuando fotografío alimentos o botellas de vino. En esos casos, utilizo la luz natural como luz trasera (es decir, funciona como luz principal) y a continuación utilizo una fuente de luz continua Westcott Spiderlite para rellenar la parte frontal (después de todo si la luz procede de la parte trasera del producto, la parte frontal apenas será una silueta en la imagen. Al aportar algo de luz frontal, la diferencia es considerable). La ventaja del Spiderlite es que se trata de una fuente de luz con una temperatura de color de luz de día que se mezcla agradablemente con la luz natural. Para ver el resultado final del esquema que se muestra en esta imagen, vaya a www.kelbytraining.com/books/digphotogv3.

Edición de luces y sombras en la fase de postproducción

Aun cuando nos esforcemos por hacer todo correctamente en el momento de la toma, la fotografía de producto es una de esas especialidades en las que suele merecer la pena realizar algunos ajustes en Photoshop durante lo que se conoce como "postprocesado" o "postproducción".

Antes	Después

Cuando trabajo con fotografía de producto en Photoshop, además de eliminar cualquier mancha o mota molesta tanto en el fondo como sobre el objeto en sí, intento mejorar las luces (es decir, la parte más brillante del producto) y las sombras (la más oscura). Básicamente, me limito a hacer algo más brillantes las altas luces y más obvias, y a oscurecer y enriquecer las sombras. Cuando compruebe el efecto que esto tiene, también usted realizará este tipo de postproceso. Puede ver un vídeo en

www.kelbytraining.com/books/digphotogv3. En él podrá ver el postproceso para la mayor parte de la fotografía de producto que he utilizado en este libro y el impacto que dicho postproceso tiene sobre la imagen final.

Cómo crear su propia mesa de bodegón

Si busca una buena superficie para sus fotografías de producto, vaya a la ferretería local y compre un panel de gran tamaño de formica blanca. Es un material fenomenal por varias razones. En primer lugar, cuando colocamos un producto sobre formica blanca, la superficie es algo reflectante, de forma que automáticamente da a nuestro producto un reflejo natural (no un reflejo duro como el acrílico, sino un reflejo más sedoso). En segundo lugar, es muy fácil de limpiar: puede limpiarla con una bayeta mojada. Por esta razón no es necesario sustituirla frecuentemente, como ocurre con el papel continuo. Además, se dobla con facilidad. Coloque un extremo sobre una mesa y acople el otro extremo con un par de pinzas a dos soportes de luz. Obtendrá una curva continua y suave, perfecta para la fotografía de producto.

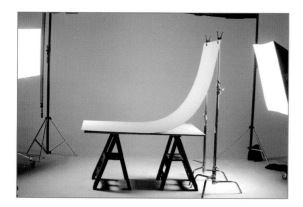

Cable especial para colgar productos

El hilo invisible no es útil solamente para arreglar ropa. También puede utilizarse para suspender productos en el aire y fotografiarlos (naturalmente, depende del peso del producto). No le permitirá suspender la batería del coche, claro está. Coloque el brazo de un soporte de luz lo suficientemente elevado como para no poder verlo a través del visor de su cámara, y a continuación ate un extremo del hilo invisible al brazo y el otro extremo al producto. ¡Listo para disparar!

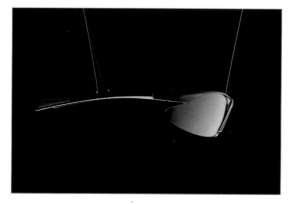

Si no consigue hilo invisible, puede usar hilo de pescar; si bien no resulta demasiado molesto, es probable que tenga que eliminar el hilo en el postprocesado en Photoshop. En la foto que aquí se muestra he utilizado Photoshop. Puede ver el vídeo donde muestro cómo eliminarlo en Adobe Photoshop (el clip se emitió como parte de Photoshop User TV, un vídeo podcast semanal que llevo presentando un par de años). Además, puede ver el vídeo en www.kelbytraining.com/books/digphotogv3.

La ventaja de utilizar
ventanas rectangulares

¿Alguna vez ha visto una fotografía publicitaria de una botella de vino o algún producto electrónico en el que se puede observar un reflejo rectangular, alto y suave? ¿Quizás dos? Estos fantásticos reflejos en las altas luces provienen, probablemente, de una de las principales herramientas utilizadas por los fotógrafos comerciales: las ventanas rectangulares.

Se trata, como su propio nombre indica, de ventanas de luz rectangulares muy delgadas y altas (imagínese una ventana de luz de tan sólo 18 pulgadas de ancho y unas

36 de alto). Su uso está muy extendido en la fotografía comercial de producto debido precisamente a esos reflejos que crean. Fotografiar productos muy reflectantes no es tarea fácil, porque los reflejos pueden verse prácticamente en todo el producto (incluso en ocasiones puede verse al propio fotógrafo), de manera que tenga cuidado con la fotografía de este tipo de productos. Puede adquirir ventanas rectangulares para sus flashes de estudio, incluso para el Westcott Spiderlite TD5 que utilizo para este tipo de fotografía. Lo mejor es que puede utilizarlas verticalmente, o bien voltearlas 90 grados y utilizarlas horizontalmente para crear una luz amplia y muy envolvente.

Láminas de poliestireno

Algunos fotógrafos de retratos utilizan frecuentemente reflectores blancos en el estudio (por lo general para reflejar o rebotar la luz desde la luz principal hacia uno de los laterales del rostro en sombra). Pero en la fotografía de producto encontrará más frecuentemente a profesionales que, en lugar de reflectores, utilizan láminas de poliestireno, un material que tiende a tener algo más de brillo que la mayoría de los reflectores y que refleja una mayor cantidad de luz. Además, dado que puede cortar el poliestireno al tamaño que quiera (puede encontrarlo en cualquier tienda de manualidades o tienda de material para oficina), puede cortar un trozo lo suficientemente pequeño para apoyarlo junto a su producto (pero recuerde: siempre fuera de la imagen que se ve a través del visor).

Cómo crear un fondo dramático para un producto

Si quiere conseguir un aspecto dramático para sus fotografías comerciales, ponga en práctica este truco: en una ferretería o tienda de materiales de construcción, compre un bloque de granito negro. El granito es un material extraordinariamente reflectante, ideal para la fotografía de producto.

Además, es relativamente barato. Consiga la piedra más grande que tengan en la tienda; dado que no será excesivamente grande, puede utilizarla para objetos pequeños a los que quiera dotar de un aspecto oscuro y dramático. Intente poner en práctica este truco la próxima vez que quiera alejarse del típico fondo blanco que suele utilizarse en la fotografía comercial de productos.

Utilice un trípode

La fotografía de producto es una de esas cosas que, de no contar con una nitidez absoluta, simplemente no funciona. Por esta razón, los profesionales siempre utilizan trípode.

Esa extraordinaria nitidez es crítica. Personalmente, aun cuando para los retratos de personas suelo disparar cámara en mano (siempre que esté utilizando flashes pequeños o flashes de estudio para congelar el movimiento), a la hora de realizar este tipo de fotografía de producto siempre coloco la cámara sobre un trípode. Si realmente quiere llevar su fotografía de producto a un nivel superior, éste ha de ser su primer paso.

Únicamente se mostrarán los auriculares en sí (naturalmente, los intrauriculares son una excepción, puesto que sin los cables parecerían dos guisantes blancos).

Oculte los elementos
que distraen la atención

Si observa detenidamente la mayor parte de las fotografías profesionales de producto, verá que se intenta por todos los medios ocultar cualquier elemento que pueda distraer al espectador de la presentación del producto, incluso si ese elemento forma parte del producto en sí. ¿Quiere un ejemplo? Los auriculares.

Todos sabemos que los auriculares tienen un cable que nos permite conectarlos a nuestro portátil o iPod, pero en los anuncios de auriculares raras veces verá el cable.

El fotógrafo debe intentar ocultar en todo momento los cables o cualquier otro elemento que detraiga la atención del producto (como por ejemplo la correa de la cámara; la publicidad de Canon, Nikon o cualquier otro fabricante nunca incluye la correa de la cámara en la fotografía, si bien todos sabemos que la cámara incluye una correa en la vida real).

Tenga este consejo en cuenta y sus imágenes adquirirán una mejor presentación. Si va a fotografiar un producto con un cable que puede desconectarse (como por ejemplo los auriculares que aquí se muestran), desconecte el cable y sáquelo de la imagen (como puede observar en la foto de la derecha). De lo contrario, tendrá que eliminar el elemento causante de la distracción en Photoshop. Tiene un vídeo sobre este tema en `www.kelbytraining.com/ books/digphotogv3`.

Limpie antes de disparar

Antes de fotografiar cualquier objeto, límpielo. Es una de esas cosas que, de no hacerse, le obligarán a dedicar diez veces más de tiempo en Photoshop que los 15 segundos que le llevaría hacerlo correctamente en el estudio. No puede imaginarse la de veces que me he saltado este paso. Durante la sesión, no he observado ninguna huella, mancha o mota de polvo... hasta que he abierto la imagen en Photoshop y he tenido que pasar más de 10 minutos retocando la imagen. En algunos casos el resultado ha sido tan pésimo que he vuelto a realizar la toma de nuevo después de haber limpiado el producto. Si le pasa un par de veces, aprenderá la lección: limpie el objeto a fotografiar antes del inicio de la sesión y se ahorrará muchos problemas.

5

FOTOGRAFÍA PROFESIONAL EN EXTERIORES

Velocidad de obturación: 0,5sec
Distancia focal: 200 mm
Abertura: f/22
Fotógrafo: Scott Kelby
ISO: 100

Consejos adicionales para crear espectaculares fotografías de paisaje

Si ya ha detectado un patrón en este libro... es porque ese patrón existe, como comentábamos en la introducción: este libro continúa en el punto en el que dejamos las explicaciones del volumen 2. Bien. Si éste es el caso, ¿por qué este capítulo no lleva el mismo título que el capítulo correspondiente en el volumen 2? Respuesta: porque no todos los trucos y consejos de este capítulo hacen referencia a la fotografía de paisajes. ¡Eh, no es culpa mía! Es usted quien hace todas estas preguntas ("¡No es cierto!" "¡Sí lo es!"). En cualquier caso: este capítulo le permitirá obtener mejores resultados en su fotografía en exteriores. Afortunadamente, tomar fotografías en exteriores es una tarea mucho más sencilla que otro tipo de fotografía, porque muchos de los problemas con los que nos encontramos en la fotografía de interiores (como, por ejemplo, los vigilantes de seguridad de los centros comerciales) no existen en el exterior. Además, es mucho más fácil encontrar luz en el exterior. No se puede imaginar la de veces que he ido caminando por la calle mirando al suelo y ¡voilà! Allí estaba: un flash perfectamente utilizable tirado en la acera. Vale, estoy exagerando (sólo me ha pasado unas tres o cuatro veces), pero dado que en la fotografía de exteriores contamos con el sol como aliado, nuestra tarea está clara: debemos aprender a controlar el sol en beneficio propio. Por ejemplo, si se le da bien la costura, puede crear un panel difusor rudimentario lo suficientemente grande para iluminar un autobús. Cosa que, por cierto, le resultará de gran utilidad si alguna vez recibe una llamada de una empresa de autobuses que quiera contratar sus servicios para su nuevo catálogo. Claro que si recibe una llamada de una floristería, para serle sincero, no sé qué uso podría darle a un panel difusor de semejante tamaño. Pero ya sabe: dicen que para estos casos, Dios inventó eBay. En cualquier caso, vaya a fotografiar autobuses o flores en exteriores, este capítulo ignorará por completo ambas cuestiones.

Haga una lista para no olvidar nada

No hay nada peor que llegar al lugar donde vamos a desarrollar nuestra sesión fotográfica de paisajes, o llegar a un país extranjero donde esperamos poder dedicarnos a la fotografía de viajes, y descubrir que hemos olvidado la parte más importante de nuestro equipo. Me ha pasado en más de una ocasión. O más bien solía pasarme, hasta que empecé a elaborar listados en los que incluir todo el equipo necesario para mis viajes y excursiones de fotografía de viaje y de paisajes. No tiene por qué ser un listado especialmente elegante, pero preste especial atención a los pequeños detalles de los que quizá se olvide, como por ejemplo una gamuza, baterías extra, un filtro polarizador, un cable de extensión, etc., no es probable que se olvide de su cámara, aunque si éste es el caso, es probable que mejorar su técnica fotográfica no sea su mayor problema; céntrese en esos pequeños detalles que seguramente se le olvidarán cuando se

encuentre en mitad de la sesión. Imagine mentalmente su llegada al lugar en el que va a desarrollarse la sesión y elabore mentalmente un listado: en algún punto, se imaginará abriendo su mochila y no encontrará algo. Añádalo a la lista.

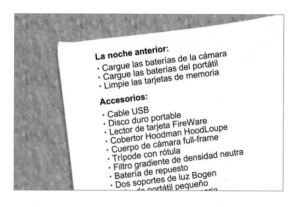

La noche anterior:
· Cargue las baterías de la cámara
· Cargue las baterías del portátil
· Limpie las tarjetas de memoria

Accesorios:
· Cable USB
· Disco duro portable
· Lector de tarjeta FireWare
· Cobertor Hoodman HoodLoupe
· Cuerpo de cámara full-frame
· Trípode con rótula
· Filtro gradiente de densidad neutra
· Batería de repuesto
· Dos soportes de luz Bogen
· ... de portátil pequeño

Cómo mostrar movimiento en sus imágenes

Crear una sensación de movimiento a sus fotografías es una forma muy sencilla de añadir algo de emoción, y no resulta muy difícil. El secreto para mostrar movimiento pasa por reducir la velocidad de obturación. La imagen que aquí se muestra se tomó en la Estación Central de Nueva York; para que el espectador pueda percibir el movimiento de las personas, son necesarias dos cosas:

en primer lugar, la estación en sí necesita estar perfectamente enfocada, para lo cual es recomendable utilizar un trípode; en segundo lugar, utilizaremos una velocidad de obturación muy lenta, de tal manera que cuando el obturador se abra y los transeúntes caminen delante de nuestra cámara, ésta capture el movimiento.

Scott Kelby

Si en nuestra escena no disponemos de mucha luz (como es el caso esta fotografía), podemos utilizar el modo de disparo de prioridad a la apertura, elegir una abertura media (como por ejemplo f/8) y pulsar el disparador. El obturador permanecerá abierto durante uno o dos segundos y todas las personas que aparecen en la imagen quedarán borrosas. Es más difícil conseguir este efecto de movimiento en mitad del día, puesto que el

obturador permanecerá abierto mucho menos tiempo. ¿Qué hacen los fotógrafos en esta situación? Es posible que el truco más popular sea el de utilizar filtro que oscurezca la imagen, como por ejemplo un filtro de densidad neutra como los fabricados por Singh Ray, con el fin de oscurecer lo que ve nuestra cámara y permitir así que el obturador permanezca abierto durante más tiempo.

Cómo conseguir el efecto del filtro de estrella

Existen filtros especiales que permiten convertir las luces brillantes capturadas al atardecer y al anochecer en estrellas brillantes.

Scott Kelby

No obstante, si no quiere gastar dinero en estos filtros, puede obtener un efecto parecido directamente desde su cámara utilizando la mínima apertura posible, como por ejemplo f/22. Esta apertura le permitirá conseguir el efecto de estrella sin necesidad de gastarse un euro.

Utilice el balance de blancos de forma creativa

Hay dos maneras de ver el balance de blancos: una pasa por considerar el balance de blancos "correcto", es decir, un balance de blancos adecuado para la iluminación que estemos utilizando. Así, si fotografiamos en la sombra y hemos elegido el ajuste de sombra para nuestro balance de blancos, obtendremos un color adecuado.

Scott Kelby

Pero también existe la posibilidad de considerar el uso "creativo" del balance de blancos (uno de mis favoritos), en cuyo caso podemos elegir un balance de blancos particular que nos permite obtener el resultado deseado.

Por ejemplo: imagínese que vamos a realizar una fotografía de paisaje al amanecer, y que en términos de luz la mañana se presenta aburrida y nos ofrece un aspecto plano. Podríamos modificar el balance de blancos a **Tungsteno** y obtener así un aspecto azulado.

Este pequeño truco puede convertir un amanecer aburrido en una toma fría. Modificar el balance de blancos a **Sombra** durante el atardecer nos permite conseguir una tonalidad cálida, con una puesta de sol mucho más atractiva. En el ejemplo que aquí se muestra, la imagen de la izquierda se tomó con un balance de blancos automático; en la imagen del centro se utilizó un balance de blancos fluorescente, mientras que la imagen de la derecha está configurada con un balance de blancos en **Tungsteno**.

No se trata de balances correctos; en este caso, estamos haciendo un uso creativo del balance de blancos de la propia cámara enfriando la escena (volviéndola más azul) o haciéndola más cálida (con un tono más amarillento), puesto que el balance de blancos automático ofrece un aspecto poco interesante. Ponga en práctica este truco la próxima vez que vaya a realizar una fotografía de paisajes y la luz no coopere con usted.

Deje que la luz sea protagonista

De vez en cuando, se nos presenta la oportunidad de fotografiar un sujeto interesante y casualmente contamos con una luz increíblemente bella. El problema es que estos casos no suelen darse a menudo. Sin embargo, a nuestro alrededor podemos encontrar multitud de ocasiones en las que contamos con una luz de gran belleza; así pues, en lugar de esperar a que nuestro sujeto quede bañado por esta luz, es recomendable buscar este tipo de luz y, una vez la encontremos, ser capaz de identificar un sujeto en las proximidades.

Los lugares en los que suele encontrarse una luz de gran belleza son por lo general lugares que cuentan con luz natural; esté atento a la iluminación en lugares como mercados, pequeños callejones, viejos edificios abandonados, talleres, pequeñas iglesias, o cualquier edificio que tenga las ventanas muy sucias (lo que generará una luz difusa y muy suave). En exteriores, podrá encontrar una buena luz al amanecer o al atardecer; además, esté atento a la luz disponible inmediatamente después de una tormenta. En ocasiones, también podemos encontrarnos con una luz de gran belleza cuando el sol se abre paso a través de las nubes, aun cuando sea solamente durante unos minutos. En resumen: cuando se encuentre con este tipo de luz, identifique un sujeto, porque prácticamente cualquier cosa que fotografíe merecerá la pena.

Scott Kelby

Evite los puntos brillantes

Si está de vacaciones fotografiando a amigos, familiares o lugareños, tenga este consejo en cuenta: intente evitar las fotografías en las que haya alguna zona brillante cerca de su sujeto (un rayo de luz, una zona muy iluminada por el sol cuando el sujeto está en la sombra, etcétera).

Por naturaleza, la vista se dirige inmediatamente hacia ese punto brillante en primer lugar, y no al sujeto principal (en el caso de la fotografía que se muestra aquí, la pared de la derecha desvía la atención de las personas que se encuentran en el puente). Así pues, si ve una zona brillante cerca de su sujeto, modifique la posición de disparo (desplácese a izquierda o derecha) y componga la escena excluyendo esa zona brillante de la imagen.

Scott Kelby

Las tres claves de la fotografía de paisajes

La fotografía de paisajes precisa de tres factores clave: en primer lugar, disponer del equipo adecuado y saber cómo utilizarlo; en segundo lugar, hacer los deberes y explorar en busca de localizaciones por adelantado para que, cuando contemos con una buena luz, podamos estar en el lugar adecuado en el momento adecuado; y en tercer lugar, tener mucha suerte. Por desgracia, el factor número 3 juega un papel mucho más importante de lo que nos gustaría creer. Nos levantamos temprano para llegar a nuestra localización en exteriores. Preparamos nuestro equipo y estamos listos para disparar. Conocemos nuestro equipo al dedillo y nos sentimos cómodos con todos los parámetros: exposición, composición... Y justo entonces, empieza a llover.

NOTA

No incluya objetos modernos en la composición

Si va a realizar fotografía de viaje y realmente quiere destacar el encanto de la escena, componga la imagen excluyendo aquellos artefactos y objetos propios de la vida moderna. Por ejemplo, nada mata más el encanto de una fotografía de un barco en un puerto con neblina que un motor Evinrude de 250 caballos de vapor colgando de la parte trasera del mismo. Busque algún barco en el puerto de aspecto atemporal e intente excluir de la escena cualquier otro barco equipado con motores modernos, radares u otro tipo de accesorios actuales para capturar ese aspecto tan encantador. Lo mismo puede decir de la ciudad: excluya de la composición cabinas telefónicas, buzones, papeleras, carteles, etc.

Scott Kelby

Utilice las nubes para retener el color

A la hora de fotografiar paisajes al amanecer o al atardecer, las nubes se convierten en nuestras aliadas. No un cielo completamente cubierto de nubes, sino las nubes dispersas.

O aparece una niebla densa. O no hay ni una sola nube y de repente aparece el sol: en lugar de una mañana majestuosa, nos hemos encontrado con una mañana oscura y en unos minutos se ha hecho de día. ¡Vaya por Dios! Es algo que ocurre continuamente. Estamos a merced de la Madre Naturaleza y de la pura suerte. Nunca sabemos si vamos a ver un amanecer espectacular o uno desastroso, pero siempre podemos poner de nuestra parte si seguimos una regla muy sencilla: vuelva al mismo lugar en más de una ocasión. Eso es: si conoce una localización buena y la mañana no le favorece, vuelva otro día... y otro. Si es constante, una mañana cualquiera tendrá una luz mágica, las nubes estarán justo donde tienen que estar y podrá ver colores que ni siquiera sabía que existían. Estará allí cuando el agua del lago parezca cristal y la luz del atardecer no pueda ser más espectacular. En un par de ocasiones me he encontrado en la ubicación exacta al amanecer, pero sólo en un par: la mayor parte de las veces, las circunstancias no han sido idóneas. ¿Qué hago entonces? Volver. Y cuanto más vuelvo, más oportunidades se me presentan de ver ese amanecer del que hablaré durante años.

Scott Kelby

La razón es que necesitamos algún elemento que nos permita "retener" el color del cielo, algún elemento para que los gradientes de color de la naturaleza que aparecen en el ocaso compensen la escena: ese "algo" son las nubes. Si alguna vez ha observado un cielo vacío y sin nubes al amanecer o al atardecer, quizás recuerde lo mortecino de su aspecto; no deje que el parte meteorológico le asuste cuando se anuncie un día nublado. Es posible que esas mismas nubes conviertan un día normal en extraordinario.

NOTA

Fotografiar sombras

Cuando trabajamos en el estudio, intentamos trabajar las sombras (suavizándolas, matizándolas o incluso haciéndolas desaparecer por completo); en exteriores, las sombras son un excelente tema fotográfico. Conviértalas en el centro de atención de su fotografía: sombras largas, duras, distorsionadas. También puede crear sombras intencionadas en sus fotografías en exteriores colocando algún objeto entre la fuente de luz y una pared, o detrás de su modelo. Este truco le permitirá añadir interés a la fotografía cuando esté utilizando una pared lisa como fondo.

Fotografía submarina 1

Si le gusta la fotografía de viajes, es probable que tome bastantes fotografías durante sus vacaciones; si visita algún país tropical, es probable que practique el *snorkeling* o el submarinismo, momento en el que surgirá la pregunta: "Y ahora, ¿cómo fotografío este arrecife de coral?". Es más fácil de lo que cree, pero deberá tener en

cuenta dos factores importantes. En primer lugar, tendrá que proteger su cámara para la fotografía submarina; cuando digo "cámara" me refiero a esa cámara compacta que uno se lleva siempre de vacaciones.

La razón es que las carcasas submarinas para cámaras réflex digitales (como la que se muestra en la imagen) suelen costar más que la propia cámara. No exagero: tienen un precio increíble. A menos que piense dedicarse a la fotografía submarina de forma profesional, llévese una compacta y compre una carcasa submarina, que podrá adquirir por unos 150 euros. De hecho, le resultará mucho más barato adquirir una cámara compacta de gama alta (como por ejemplo la excelente Canon

G10) y la carcasa correspondiente que comprar una carcasa para su actual DSLR. Soy consciente de que no es una explicación lógica, pero lamentablemente es la realidad. Así pues, la primera parte es comprar una carcasa y resignarse ante el hecho de que no podremos llevar nuestra réflex digital al mar (a menos, claro está, que le sobre el dinero).

Fotografía submarina 2

Una vez haya adquirido su carcasa submarina, tendrá que enfrentarse a algunos retos. En primer lugar, hay "cosas" dentro del agua que nos quieren comer.

©iStockPhoto/Tammy Peluso

Una vez dicho esto, uno de los principales problemas a los que deberá enfrentarse es la luz, o más bien la falta de luz. A la hora de fotografiar en aguas profundas, la única forma de obtener color en nuestras fotografías es mediante el uso del flash. Si vamos a realizar fotografías cerca de la superficie, es probable que pueda utilizar un ISO bajo; no obstante, una vez empiece a descender hasta los 15-20 metros de profundidad, observará que no podrá mantener una velocidad de obturación adecuada.

La luz a esta profundidad es muy escasa; si la velocidad de obturación desciende hasta 1/30, 1/15 o menos, no obtendrá más que fotos borrosas. Por desgracia, no se dará cuenta hasta que haya impreso las fotos o las visualice en su ordenador, porque todo parece enfocado en la pequeña pantalla LCD de nuestra cámara.

Así pues, si adquiere una cámara compacta para hacer fotografía submarina, intente comprar una que tenga un nivel de ruido bajo a ISO alto. El segundo problema al que tendrá que enfrentarse son las dominantes de color y una especie de neblina que cubrirá sus fotografías. La buena noticia es que este problema es fácil de solucionar en Photoshop.

No soy fan de los ajustes de configuración automáticos en Photoshop, pero en este caso funciona bastante bien. En Photoshop vaya al menú **Imagen>Ajustes>Niveles automáticos**. Por regla general, bastará.

Cómo componer

Conversando con David duChemin, un fotógrafo de viajes y revistas de enorme talento, aprendí una gran lección. Me había enamorado de una de sus fotografías, en la que se mostraba a un anciano barriendo el interior de un camino delante del Taj Mahal. Pensé que la habría tomado al amanecer, porque no había nadie más en la fotografía.

Scott Kelby

Le pregunté a David cómo consiguió estar allí sin gente. Me confesó que en realidad había turistas por todas partes y que, si hubiera incluido toda la escena, habría visto a cientos de turistas caminando junto al anciano.

Simplemente, había tomado una decisión consciente sobre qué era lo que quería incluir en la toma. Compuso la escena de tal modo que únicamente mostrara al anciano, para dar la impresión de que aquel día las dos únicas personas en el Taj Mahal eran el anciano y él. En el ejemplo que aquí se muestra, ambas fotografías se tomaron de forma consecutiva.

La única diferencia está en el encuadre. La imagen de la izquierda está tomada de pie: puede verse la tienda de recuerdos, la carretera y otros elementos que distraen la atención. Para ocultar todos esos elementos, simplemente me agaché detrás de la duna que tenía delante y fotografié únicamente la torre visible. La lección que debe aprender es: lo importante no es siempre lo que incluimos en la composición, sino también lo que dejamos fuera del encuadre.

NOTA

Fotografíe los reflejos de los charcos

He aquí otro consejo creativo: fotografíe los reflejos de los charcos. No me refiero a fotografiar una escena urbana con charcos donde se vea un reflejo, sino a fotografiar los propios charcos en sí. En una ciudad, siempre habrá algún elemento que se refleje en los mismos. Encuentre el ángulo ideal y dispare. ¡Nunca se sabe lo que podemos encontrar!

Utilice el ISO más bajo posible

Si se dedica a la fotografía de paisajes, probablemente saldrá a fotografiar al amanecer o al atardecer; casi con toda probabilidad, tendrá que utilizar trípode, en cuyo caso es recomendable utilizar el ISO más bajo que la cámara permita (por lo general ISO 200 en la mayoría de las cámaras Nikon o ISO 100 en Canon). Obtendrá la mejor calidad posible, con imágenes nítidas y libres de ruido; al utilizar trípode, no es necesario subir el ISO (recuerde que aumentar el ISO es recomendable en aquellas situaciones en las que trabajamos cámara en mano con poca luz, pero en este caso estamos trabajando con trípode y consecuentemente podemos optar por una mayor calidad).

NOTA

El ruido visible en pantalla a veces desaparece

Si dispara a ISO 400 u 800, es probable que al abrir la foto en la pantalla de su ordenador vea algo de ruido (dependiendo de la gestión del ruido de su cámara), pero no se desanime: incluso cuando vea algo de ruido en pantalla, lo cierto es que en la mayoría de las ocasiones el ruido desaparece al imprimir las imágenes.

¿No sabe qué fotografiar? ¡Intente esto!

Si acaba de llegar a una ciudad en vacaciones y no tiene ni la más remota idea de lo que quiere fotografiar, su primera parada debe ser una tienda de recuerdos para observar las postales que allí se venden. Si ve alguna localización interesante, podrá identificar el lugar leyendo la parte trasera de la postal, o bien pregunte al dependiente dónde se encuentra ese lugar. La pregunta es, ¿y por qué no limitarnos a comprar la postal y tomarnos una caña? ¡Porque somos fotógrafos! Además, es posible que consigamos fotografías de mayor calidad que las imágenes que se muestran en las postales (de hecho, quién sabe si al año siguiente no serán sus fotografías las que ocupen el lugar de esas postales... preferiblemente con su autorización y a cambio de una compensación económica).

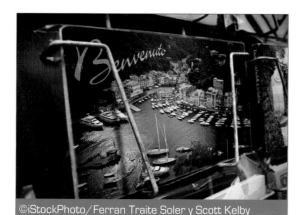

©iStockPhoto/Ferran Traite Soler y Scott Kelby

Fotografiar texturas

Un tema muy popular en fotografía, especialmente en la fotografía de viajes, son las texturas: cualquiera sirve, desde una pared pintada en un edificio antiguo a la superficie de una mesa de madera en una cafetería. La textura lo es todo: con una fuente de iluminación lateral, las texturas adquieren una dimensión considerable, puesto que este tipo de iluminación realza las texturas, dado que las sombras añaden interés profundidad a la imagen. Esté atento a las texturas que pueden aparecer en sus paseos por la ciudad.

Cómo evitar la luz no deseada

He aquí un truco estupendo que aprendí del conocido fotógrafo de naturaleza Moose Peterson sobre cómo obtener la exposición ideal en fotografía de paisajes utilizando un cable disparador con la cámara (con el fin de minimizar cualquier posible trepidación provocada al apretar el disparador).

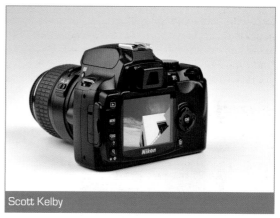

Scott Kelby

El problema es que, al utilizar un cable disparador, no miramos a través del visor de la cámara como es habitual y, en consecuencia, no bloqueamos la luz que entra por el visor, lo que afecta a la exposición. La solución es cubrir el visor. Algunas cámaras, como la D3 y D3x de Nikon, permiten cubrir el visor, pero otros modelos de Nikon incluyen una pequeña pieza de plástico (DK-5, mostrada en la imagen) que permite bloquear la luz e impedir que entre por el visor. Es recomendable realizar una prueba para saber si la luz entra por el visor y afecta la exposición; para ello, cubra y descubra el visor con la mano. Si la velocidad de obturación cambia, entonces la luz está entrando por el visor. Si su cámara no permite cerrar el visor, Moose recomienda utilizar la tapa del objetivo para bloquear el paso de la luz. Las cámaras réflex digitales de Canon incluyen un pequeño complemento que cubre el visor e impide que la luz afecte la exposición.

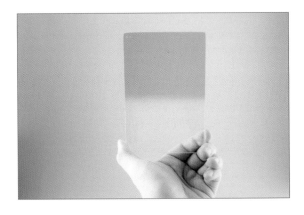

Filtros graduados de densidad neutra

El filtro polarizador es el filtro más importante para los fotógrafos de paisajes. El filtro de densidad neutra es el segundo filtro en importancia para este tipo de fotografía.

Es un filtro pensado para ayudarle a conseguir algo que la cámara no está diseñada para conseguir por sí sola: exponer correctamente la imagen sin sobreexponer el cielo. Este tipo de filtros goza actualmente de gran popularidad: oscurecen el cielo, pero además crean un efecto

NOTA

Agáchese

Por lo general, solemos tomar nuestras fotografías de pie. Desde esta posición, todo tiene más o menos el mismo aspecto que tendría para cualquier persona que pasee por ese lugar. Intente fotografiar su entorno desde una perspectiva diferente, un punto de vista inusual para el paseante. Agáchese. Si se arrodilla, verá lo que le rodea con los ojos de un niño. Si se sienta en el suelo, tendrá el punto de vista de un bebé. Pero si realmente quiere ir un paso más allá, túmbese en el suelo y dispare: tendrá el mismo punto de vista que una ardilla (lo cual le dará una idea de por qué siempre están tan nerviosas).

muy agradable. Es un filtro graduado: es más oscuro en la parte correspondiente al cielo, y va graduándose hasta alcanzar una transparencia absoluta (como un gradiente), de manera que la parte más oscura de la imagen no se oscurece. El filtro que suelo utilizar es un filtro rectangular de plástico: lo sostengo delante del objetivo y realizo la toma. Personalmente, no suelo utilizar muchos filtros, pero el uso del filtro graduado de densidad neutra marca las diferencias y siempre va conmigo cuando me dispongo a realizar fotografías de paisaje.

HDR

A continuación le ofrezco algunos trucos que le permitirán crear una imagen HDR o imagen de alto rango dinámico (es decir, una imagen compuesta por varias imágenes que se combinan en una sola a través de un mapeo de tonos que nos permita obtener un rango tonal mayor del que nuestra cámara es capaz de captar). El primer paso para crear una imagen de alto rango dinámico exige utilizar un trípode, paso que le facilitará considerablemente los ajustes posteriores. A continuación, coloque la cámara en modo de prioridad a la abertura y configure la cámara en modo horquillado. En Nikon, mantenga pulsado el botón de función (**Fn**) ubicado en la parte frontal de su cámara (si dispone de una D300, D700, D3 o D3x) y a continuación gire el dial de comandos de la parte trasera de la cámara, hasta que vea el horquillado en la pantalla LCD de la parte superior. Elija la

opción de cinco tomas horquilladas (una con exposición normal, otra más brillante, otra mucho más brillante, otra algo oscura y la quinta realmente oscura). A continuación elija el modo de disparo continuo y pulse el disparador hasta que la cámara realice los cinco disparos.

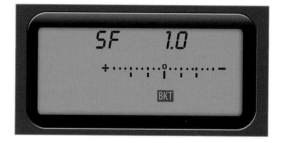

En Canon, mantenga pulsados los botones **Mode** y **AF.Drive** para activar la exposición automática en modo de horquillado. En el menú de funciones personalizadas configure el número de disparos en 5. A continuación, active el modo de disparo en ráfaga de la cámara y mantenga apretado el disparador hasta que la cámara haya realizado los cinco disparos.

¿Qué hacer con una imagen HDR?

Disparar en modo horquillado es sólo parte de la ecuación, puesto que todo lo que tenemos son cinco fotografías y, de ellas, cuatro sobreexpuestas o subexpuestas.

A continuación, necesitaremos algún programa de software que combine todas estas imágenes en una única imagen HDR. El programa más utilizado es Photomatix Pro, que puede adquirir en HDRsoft.com, y que tiene un coste aproximado de unos 100 euros.

Además, puede descargar una versión gratuita y plenamente funcional para Mac o PC: la versión de prueba no caduca nunca, pero aplica una marca de agua a todas sus imágenes. Abra las cinco imágenes en Photomatix Pro; el programa combinará las imágenes y realizará el mapeado de tonos por usted. Para mostrar el funcionamiento de este programa, he creado un vídeo (en inglés), disponible en www.kelbytraining.com/books/ digphotogv3.

Explore las localizaciones al atardecer

Nunca olvidaré la primera vez que tomé una fotografía en Big Sur, un lugar ubicado en la costa californiana, cerca de Monterey y Carmel hace ya algunos años. Fue un auténtico desastre. Ese mismo día había estado en la ciudad, pero no se me ocurrió explorar los alrededores en busca de una buena localización.

Barney Streit

A la mañana siguiente, mucho antes del amanecer, nos dirigimos a la costa. Allí nos encontramos vagando en la oscuridad intentando descubrir una buena ubicación para nuestras fotografías. Naturalmente, no podíamos ver nada: estaba completamente oscuro. Desesperados, aparcamos junto a una especie de mirador (o al menos

eso decía el cartel que encontramos) y preparamos todo nuestro equipo esperando que amaneciera. El sol comenzó a salir y tomé algunas de las imágenes más sosas y olvidables que jamás se hayan tomado en Big Sur. No es ninguna sorpresa que eligiéramos un lugar tan irrelevante en la oscuridad. Si hubiera hecho mis deberes con anterioridad, al menos tendría una foto especial. Lección aprendida. Desde entonces, hago un esfuerzo extra por encontrar una buena localización y siempre que me resulta posible realizo un disparo de prueba, aun cuando la luz sea terrible. Si la imagen me resulta atractiva con una luz tan mala, no tengo más que volver al mismo lugar para tomar la misma fotografía con buena luz. Es una receta exitosa: hacer los deberes antes de salir de casa le permitirá estar en el lugar adecuado cuando llegue ese instante mágico.

No dispare siempre en horizontal

La fotografía de paisajes suele basarse en el disparo en horizontal; es algo perfectamente lógico, puesto que la mayor parte de los fotógrafos de paisajes prefieren incluir la mayor parte posible del paisaje en la toma. Sin embargo, la próxima vez que se encuentre en exteriores, ponga en práctica el siguiente truco: utilice un teleobjetivo para plasmar en sus fotografías una faceta completamente diferente del paisaje. En ocasiones, el hecho de dejar a un lado el objetivo angular le permitirá descubrir magníficas oportunidades fotográficas.

Scott Kelby

El teleobjetivo le aportará una perspectiva completamente diferente en su fotografía de paisajes y le abrirá las puertas a una forma de fotografiar paisajes que le enamorará. Pruébelo en su próxima salida: le sorprenderá lo que le espera más allá de los 100 mm.

Fotografiar formas (círculos, cuadrados)

Fue mi colega, el fotógrafo comercial Joe Glyda, quien me dio esta idea. Joe suele imponerse tareas específicas en sus sesiones fotográficas. Por ejemplo, se concede una hora en una zona de la ciudad para fotografiar únicamente objetos redondos. O cuadrados. Sus resultados nunca dejan de sorprenderme; le sorprenderá descubrir cómo una tarea tan definida como ésta le permitirá desarrollar su creatividad. Pero ¡recuerde! ¡Nada de trampas! Tendrá que imponerse una tarea antes de llegar al lugar donde va a fotografiar.

Saque partido a la iluminación trasera

Si bien es recomendable evitar la iluminación trasera en nuestras fotografías de viaje (salvo, naturalmente, cuando utilizamos el flash de relleno), este tipo de fotografía nos permite obtener imágenes verdaderamente dramáticas cuando tenemos el sol de frente. Podemos incluso componer la imagen con el sol dentro del encuadre; utilizando una abertura pequeña (por ejemplo, f/22), el sol emitirá destellos que le ofrecerán una aspecto cautivador. Ahora bien, dado que estamos disparando en dirección al sol, obtener una buena fotografía puede entrañar algo de dificultad. No se desanime si en la primera ocasión el resultado no es plenamente satisfactorio. Necesitará algo de práctica (prueba y error) para encontrar la exposición ideal y aprender a componer la toma para que el sol no aparezca en todas las fotografías (solamente el efecto provocado por la iluminación de fondo), pero créame: cuando haya dominado la técnica, lo sabrá.

Scott Kelby

¿Por qué madrugar?

Como ya mencioné en el volumen 1, los dos momentos ideales del día para la fotografía de paisajes son el amanecer y el atardecer; si elige cualquiera de ellos, asegúrese de llegar al lugar elegido con la suficiente antelación. De hecho, llegue allí antes de lo que tenía pensado.

©iStockPhoto/Skip O'Donnell

Ni se puede imaginar la de veces en las que he visto a algún fotógrafo buscar su equipo en el maletero de su coche y prepararlo a toda prisa mientras esos minutos en los que disponemos de una luz maravillosa desaparecen. Nunca verá un fotógrafo más estresado, frustrado e irritado que cuando eso ocurre. Si va a despertarse a las 5 de la mañana para atrapar un amanecer, levántese un cuarto de hora antes y llegue al lugar elegido con antelación. Prepare su equipo, componga la imagen y relájese no sólo para tomar una buena fotografía, sino también para disfrutar de la experiencia.

Fotos panorámicas: dispare en vertical

Si utiliza Photoshop CS3 o una versión superior, le sugiero que pruebe con la fotografía panorámica: Photoshop permite unir las imágenes automáticamente en una única imagen panorámica, con excelentes resultados. Actualmente, no es necesario realizar complicados trucos con la cámara (incluso es posible realizar las tomas cámara en manos). Simplemente tendrá que seguir una sencilla regla: asegúrese de que las fotografías se superponen aproximadamente en un 20 por 100.

Photoshop necesita esta superposición para realizar la composición panorámica. Para evitar tener que recortar alguna cumbre montañosa o un elemento interesante del fondo, siga este consejo.

Scott Kelby

¿Quiere fotografiar un destino popular en fotografía de paisajes? ¡No se quede sin sitio!

Si tiene la intención de fotografiar un destino popular en la fotografía de paisajes, como por ejemplo el Parque Nacional Arches de Utah, tenga en cuenta que estos lugares suelen llenarse muy rápidamente. Tan rápidamente que, si no llega dos horas antes del amanecer, ni siquiera encontrará un sitio en el que plantar el trípode, y si encuentra sitio es probable que tenga que compartirlo con otros 50 fotógrafos. Estos lugares codiciados no tienen espacio suficiente; en ocasiones, un lugar deseado podría albergar únicamente a un puñado de fotógrafos. Si tiene pensado desplazarse a uno de estos lugares, llegue pronto y sea uno de esos fotógrafos que puede disfrutar de una posición privilegiada.

Una vez Photoshop ha generado nuestra fotografía panorámica, tendremos que recortar la foto resultante. El truco pasa por realizar todas las fotografías en vertical. Al recortar la fotografía, esto nos evitará tener que recortar alguna cumbre o parte de los reflejos de un lago: tendremos suficiente espacio en sentido vertical para recortar la foto y conseguir una fotografía que muestre nuestras montañas intactas. Naturalmente, si compone la fotografía de tal manera que no quede más que unos milímetros visibles por encima de la cumbre, este truco no le servirá. Así pues, recuerde estos dos consejos: realice las tomas panorámicas en vertical, y en términos de composición, deje algo de espacio libre para un posible recorte.

Cómo conseguir paisajes más vívidos

Durante años, los fotógrafos de paisajes que trabajaban con película usaban la película Velvia fabricada por Fuji. La película Velvia ofrecía un aspecto tremendamente vívido con colores muy saturados que encantaba a los fotógrafos de paisajes; tanto, que muchos de ellos no disparaban si no era con este tipo de película. Hoy en día, muchas cámaras digitales ofrecen una opción similar que nos permite dar un tono más vívido a nuestras imágenes desde la propia cámara. No obstante, este modo únicamente es válido si disparamos en JPEG. Son los llamados "ajustes" o "modos de imagen", que permiten obtener colores más vívidos. Veamos cómo activar esta funcionalidad.

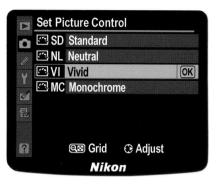

En Nikon, vaya al menú de **Disparo** y elija la opción de **Control de imagen**. En el menú de **Control de imagen**, elija la opción **Vívido**. Obtendrá colores más vívidos en sus fotografías de paisaje.

En Canon, vaya al menú **Disparo** y elija la opción **Estilo de imagen**. Elija la opción **Paisaje** para obtener paisajes con colores más vívidos en JPEG.

Borre las fotografías inservibles en el momento

Cuando me encuentro de viaje, me esfuerzo en ir editando las fotografías en el momento. Si tomo una fotografía borrosa, sobreexpuesta o sencillamente mala, la borro inmediatamente. Después de todo, si puedo ver que está borrosa o que es realmente mala en la pequeña pantalla de mi cámara, cuando la vea a gran tamaño será completamente inservible. No tiene sentido acumular estas fotografías: ocupan espacio en la tarjeta de memoria y muy pronto ocuparán un espacio innecesario en su ordenador. En última instancia, les espera la papelera. Así que, ¿por qué no ahorrar tiempo y espacio y aumentar las posibilidades de hacer espacio para buenas fotografías borrando inmediatamente las que son malas? Por lo general, borro mis fotografías inservibles durante las pausas; cuando paro a tomar un café o a comer algo, analizo las fotografías que he ido tomando y borro aquellas que son realmente malas. Algunas personas dudan, porque tienen miedo de que esa fotografía borrosa sea esa fotografía genial que estaban esperando. Puedo asegurarle que es algo que nunca me ha pasado. He tomado

fotografías que podrían haber sido geniales de no haber estado movidas o de haber tenido la exposición correcta, pero nunca las he utilizado para nada. Usted tampoco. Simplemente se limitará a suspirar y exclamará: "¡Vaya por Dios! Si hubiera enfocado mejor...".

6

FOTOGRAFÍA DE RETRATO PROFESIONAL

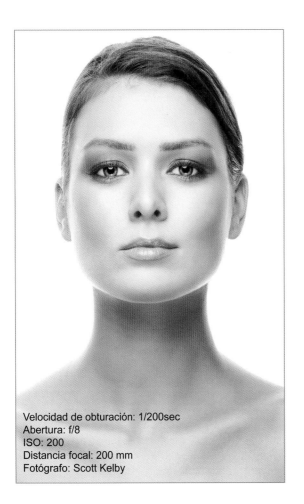

CAPÍTULO 6

Velocidad de obturación: 1/200sec
Abertura: f/8
ISO: 200
Distancia focal: 200 mm
Fotógrafo: Scott Kelby

Trucos para obtener mejores retratos

¿Realmente hay todavía más trucos para que nuestros retratados tengan un aspecto mejor? La respuesta es fácil: ¿se ha fijado en la gente? ¿Los ha mirado bien? De cerca, digo. Dan miedo. ¡Ojo! No hablo de usted o de mí. Hablo de otras personas. Por ejemplo, el vecino. Suponiendo que tenga más de 12 años, lo más probable es que le salga pelo de la nariz, las orejas, las axilas y que le crezca como la hiedra en brazos y piernas, en todas partes donde pueda crecer el pelo. ¡Y hablamos sólo de las zonas visibles! Asqueroso, lo sé. En cualquier caso, ¿qué tenemos que hacer como fotógrafos cuando nos toca la tarea de fotografiar a estas grotescas bolas humanas de pelo? Tendremos que encontrar una forma de iluminarlos correctamente, utilizando luz natural, luz de estudio o alguna combinación entre ambas para que tengan un aspecto moderadamente soportable, siempre que no miremos muy de cerca. Lo dicho es aplicable a todos los hombres, con la posible excepción de George Clooney. Cuando yo miro a Clooney, veo a un tipo bastante decente y bien arreglado; pero las mujeres que conozco (incluidas las que se dedican a esto de la fotografía) ven algo completamente diferente en él. No ven la bola peluda de la que hablaba con anterioridad, no. Ante George Clooney, reaccionan igual que reaccionarían ante una tarta de chocolate: pierden por completo el control de sus facultades. Basándome en esto (tenga en cuenta que mis conclusiones están basadas en mis observaciones personales y que no se trata de datos científicos, si bien nunca me he encontrado con ninguna científica a la que George Clooney no le pareciera irresistible, con un atractivo del estilo de la tarta de chocolate que comentábamos), decidí llevar a cabo un experimento. Entré en una pastelería de mi ciudad y le pedí al dependiente que eligiera la tarta de chocolate más deliciosa de la tienda. Cogí unas pinzas y un poco de cinta para pegar la tarta a la cara de mi ayudante Brad y ver si se generaba una reacción "estilo Clooney", a pesar de que Brad no se parece nada a Clooney. Funcionó mejor de lo que yo esperaba: en dos semanas Brad se casó con una supermodelo de Praga, conocida como la señora Clooney. Es totalmente verídico.

¿Su modelo está incómodo? ¡Utilice algún accesorio!

Una de las cosas que hace que los modelos se sientan incómodos frente a la cámara es no saber qué hacer con las manos: hagamos lo que hagamos con ellas, siempre parecen molestar. Si le ocurre esto con sus modelos, deles algún accesorio que puedan sostener. Verá cómo inmediatamente se sienten mucho más cómodos, lo que se traducirán en fotografías de aspecto más natural. Si además es un accesorio con el que el modelo se identifique, mejor (por ejemplo, si vamos a fotografiar a un artista, deles un pincel; si queremos fotografiar

a una nutricionista, pídale que muerda una manzana. Naturalmente no tienen por qué ser algo tan extremo, pero ésa es la idea). Una vez el modelo tenga algo entre manos con lo que se sienta lo suficientemente cómodo, las fotos tendrán un mayor interés visual.

Scott Kelby

La ventaja de tener una modelo sentada

Otra situación en la que nuestros modelos suelen sentirse extraños o incómodos es en aquellas situaciones en las que están de pie. Se sienten tan vulnerables posando de pie en un espacio vacío, que muchos fotógrafos optan por sentar a sus modelos.

Scott Kelby

de estas situaciones en las que perciba que su modelo está realmente incómodo, pídales que tomen asiento. Notará la diferencia.

Utilice un taburete de posado

NOTA

Puede sentar a su modelo en una silla normal y corriente, pero si quiere un asiento específicamente pensado para la fotografía sin respaldo ni abrazaderas, compre un taburete de posado. Se trata de un taburete de altura ajustable que gira; son bastante discretos, lo cual es bueno ya que la función del taburete no es la de atraer la atención, sino la de conseguir que toda la atención se centre en el modelo. También puede adquirir una mesa de posado ajustable en altura (B&H las vende por separado, pero también puede adquirir un kit compuesto por una mesa y un taburete).

Si bien tendrá que disparar desde una posición más baja (cosa que le resultará algo incómoda) muchos modelos se sienten más cómodos si pueden sentarse. Si observa que su modelo está realmente incómodo, coloque una mesa delante del modelo. Coloque sobre la mesa algo que les ayude a sentirse menos vulnerables (piense, por ejemplo, en las personas que hablan en público y en cómo se ocultan tras un podio para sentirse más cómodos). La próxima vez que se encuentre en una

Dispare desde las alturas

Una perspectiva que no suele verse muy a menudo es la que se consigue cuando disparamos desde una altura considerable (por ejemplo, desde un segundo piso, o bien en vertical desde un puente a los barcos que pasan por debajo).

Scott Kelby

y que no tenga ganas de ensuciarse los pantalones, mire hacia arriba e intente descubrir algún lugar desde donde pueda disparar.

NOTA

¡Levante la pierna!

Haga que su modelo levante una pierna y la coloque sobre una caja. Conseguirá dos cosas: en primer lugar, obtendrá una mejor figura y un aspecto general más agradable; en segundo lugar, el modelo se sentirá algo más cómodo que si simplemente estuviera posando de pie. Muchos fotógrafos utilizan este truco, ya sea con modelos que posan sentados o de pie. No es necesario que sea una caja muy alta (de hecho, es mejor que no lo sea): bastarán unos 10 o 12 centímetros, lo suficiente para darle ese empujón extra a nuestro modelo.

Son puntos de vista que nos ofrecen una perspectiva poco habitual; ni siquiera si caminamos a esta altura solemos ver imágenes desde esta perspectiva. Es un punto de vista apto para todo tipo de imágenes, desde una fotografía a una novia rodeada de sus damas de honor, a una fotografía de los comensales en una terraza exterior. La imagen que aquí se muestra se tomó desde mi habitación de hotel en vacaciones. La próxima vez que quiera adoptar una perspectiva completamente diferente

¿Retrato de tres cuartos? Centre la atención en un punto concreto

Una de las posturas más populares a la hora de realizar un retrato formal es el conocido como retrato de tres cuartos, que muestra aproximadamente tres cuartas partes del rostro de nuestro modelo; la mirada del modelo se aleja ligeramente de la cámara formando un ángulo de 45 grados, como si estuviera mirando algo situado a un lado del fotógrafo. Dado que la cabeza del modelo está girada, vemos ambos ojos, pero no una de las orejas. No obstante, en este punto no voy a ofrecer ningún consejo sobre cómo tomar un retrato de tres cuartos, sino cómo conseguir un retrato de aspecto más realista sin enseñar excesivamente los globos oculares (el resultado es bastante extraño).

Scott Kelby

El truco es el siguiente: pida a su modelo que elija un objeto en la estancia en el que centrar la vista cada vez que opte por un retrato tres cuartos. Una vez tenga un punto en el que fijarse, realice una fotografía de prueba y compruebe si pueden verse los iris con claridad. Si puede ver el blanco de sus ojos, el modelo está mirando

demasiado lejos. Pídale que gire ligeramente la cabeza en dirección a la cámara y que se fije en otro punto más cercano. Si no existe ningún objeto en la habitación en el que fijar la atención, coloque un soporte de luz en dicho punto y elévelo a la altura de los ojos del modelo. Esta técnica le resultará especialmente útil a la hora de trabajar con modelos profesionales, puesto que en el transcurso de la sesión tendrán que elegir diferentes poses. Si cada vez que se preparan para un retrato tres cuartos tienen un punto en el que fijar la vista, siempre será el mismo punto.

Prepare su estudio antes de la llegada de los modelos

Si va a realizar una sesión en estudio, su modelo debe encontrarse tan relajado y cómodo como sea posible. Para ello, es clave no hacerles esperar: tenga todo listo antes de que el modelo llegue al estudio, y realice todas las pruebas necesarias con anterioridad. Cuando el modelo llegue a su estudio para la sesión, no debería encontrarlo preparando las luces o ajustando su equipo. Tenga todo preparado antes de que entren por la puerta. Pruebe el esquema de iluminación, no sólo para asegurarse de que funciona, sino también para colocarlo aproximadamente en la ubicación deseada, y elija la exposición con anterioridad. No deje que su modelo se quede sentado sin hacer nada durante 20 minutos mientras intenta preparar la iluminación o modifica los ajustes de su cámara.

Además de dar una imagen poco profesional, los modelos se sienten incómodos sin posar mientras preparamos nuestro equipo (conozco un modelo que no puede evitar sonreír y posar aun cuando sólo estemos probando luces; cuando llega la hora de la verdad, se ha cansado de sonreír). Sus probabilidades de éxito aumentarán si su modelo está relajado; para realizar una sesión como un profesional, tenga todo preparado con antelación.

Retratos con muy poca profundidad de campo

Una de las técnicas más populares en los retratos informales y en exteriores de la actualidad pasa por utilizar una profundidad de campo muy limitada: prácticamente

todo está desenfocado, salvo nuestro modelo. Para ello, necesitaremos un objetivo que nos permita utilizar una abertura muy baja (por ejemplo, f/1.8 o f/1.4). Muchos fotógrafos utilizan objetivos de focal fija (por ejemplo, un 50 mm fijo), porque no son excesivamente caros (por lo general pueden adquirirse por menos de 100 euros).

Scott Kelby

Además, tenga en cuenta que en el caso del retrato en exteriores, para disparar en exteriores utilizando una abertura tan grande tendrá que disparar con un cielo nublado, o bien colocándose en una zona de sombra (por ejemplo, un callejón) o al atardecer. De lo contrario, todas sus fotos quedarán sobreexpuestas y tan brillantes que resultarán inutilizables. Suelo utilizar esta técnica en días grises y nublados: elija una localización en su ciudad y componga de tal manera que el cielo no entre en el encuadre. Además, asegúrese de enfocar correctamente: un pequeño error, y toda la imagen quedará desenfocada. Enfoque directamente a los ojos de la modelo: todo lo que está detrás de ese punto (la parte trasera de su cabeza o sus pendientes, como en la fotografía que aquí se muestra) aparecerá desenfocado.

Utilice un triple reflector para retratos

Un triple reflector es una herramienta de gran utilidad en la fotografía de retratos de moda y belleza. Estos reflectores están formados por tres pequeños reflectores montados sobre una barra horizontal.

Puede apuntar el reflector en la dirección deseada para crear una luz envolvente, que en realidad es luz reflejada (ya que los reflectores en cuestión reflejan la luz procedente de una fuente de luz ubicada encima de la modelo). Dado que contamos con tres reflectores, podemos reflejar la luz no sólo sobre el centro del rostro de nuestra modelo, sino que también podemos reflejarla hacia los lados del rostro. Con ello, conseguiremos un aspecto brillante y limpio, razón por la cual este tipo de reflectores se han hecho muy populares entre los fotógrafos de moda. Otra de las ventajas de utilizar estos reflectores son las luces que crean en los ojos del modelo. Existen diferentes compañías que fabrican esta herramienta, y si bien he utilizado diferentes marcas, por regla general suelo utilizar el Trilite de Lastolite con reflectores plateados a los lados y un reflector blanco en la parte frontal (es muy ligero y fácil de montar, pero sólido a pesar de todo).

Utilice una pantalla (scrim) para la fotografía en exteriores

¿Alguna vez se ha preguntado cómo consiguen los profesionales obtener esos retratos tan increíbles bajo la luz directa del sol, por ejemplo en la playa o en mitad de un campo? El truco es que en realidad no es eso lo que hacen. En este tipo de retratos, los fotógrafos no disparan directamente con luz solar; fuera del encuadre se coloca una pantalla de gran tamaño o *scrim*, colocada unos metros por encima del sujeto, con el fin de difuminar y suavizar la luz. Es una especie de ventana de luz gigante que esparce la luz del sol. Lo bueno es que son muy ligeros y portátiles (no es más que un trozo de tela sobre dos soportes).

Además, no son excesivamente caros (un *scrim* de 78x78 pulgadas con soportes y tela cuesta unos 300 euros). Necesitará un soporte para su *scrim*, puesto que debe interponerse entre el sol y nuestro modelo (por lo general, se colocan justo encima del modelo, como una especie de tejado, o en un lateral, creando un ángulo de 45 grados). Son muy ligeros, por lo que necesitará que un ayudante sostenga los soportes. Si utiliza soportes de luz, necesitará utilizar dos pinzas que permitan ajustar y girar el fragmento de tela. ¡No lo olvide! Además, quizás le interese utilizar algún reflector e incluso un flash, dependiendo de la hora del día.

Fotografía de playa

Además de tener que disparar con una luz extraordinariamente brillante bajo la luz directa del sol, la fotografía de playa presenta toda una serie de retos que tendrá que tener en cuenta antes de planificar su sesión. El primero es la arena, enemigo natural de nuestro equipo fotográfico. No hace falta que haga mucho viento para que la arena vuele a nuestro alrededor; si necesita cambiar de objetivo, le recomiendo regresar al coche y cambiarlo allí, o bien utilizar un cambiador en el que pueda introducir la cámara y los objetivos para realizar el cambio.

Además, una vez haya concluido la sesión y vuelva al estudio, no olvide limpiar la cámara y los objetivos, especialmente si ha realizado una sesión cerca de agua salada. Adicionalmente, no olvide traer agua fresca para todos los participantes en la sesión, ropa para cambiarse y toallas. Supongo que no hace falta mencionarlo, pero si va a realizar una sesión dentro del agua, no olvide la crema protectora.

Fotografía callejera

Existen multitud de fotógrafos especializados en fotografiar a personas en la calle durante sus paseos, dedicados a plasmar la vida a su alrededor. Desafortunadamente, en estos tiempos la gente es mucho más consciente y desconfiada si ven a alguien tomando una fotografía en la calle.

No obstante, paseando un día por la ciudad de Nueva York con Jay Maisel, leyenda viva de la fotografía, aprendí algunos trucos tremendamente valiosos. En primer lugar, es recomendable utilizar un objetivo pequeño.

Puede utilizar un zoom, pero cuanto más pequeño sea, mejor. Jay me comentaba que en la fotografía callejera, cuanto más grande es el objetivo, mayor es la ansiedad (y el potencial enfado) de nuestros retratados. Con un teleobjetivo pasamos de ser un simple turista a lo que podría considerarse un *paparazzi*. Y las cosas podrían ponerse feas. Además de utilizar un zoom pequeño o un objetivo de focal fija, Jay me recomendó no utilizar el parasol: cualquier cosa que nos haga parecer más profesionales provocará una mayor resistencia.

Otro truco consiste en no mirar al retratado a los ojos a la hora de disparar: no mire a los ojos del retratado, simplemente dispare; si le miran, sonría y prosiga su marcha. Naturalmente, le hablo de Nueva York, donde los *paparazzi* abundan y la gente suele ser mucho más cauta. En la mayor parte de las ciudades y países que he visitado, he llegado a la conclusión de que una sonrisa es una gran ayuda y que la mayoría de la gente nos permitirá retratarlos sin problemas. Si les muestra la imagen que aparece en la pantalla trasera de su cámara, quizás le permitan incluso tomar varios retratos. Lo principal es el respeto: si alguien no desea que lo fotografiemos y nos lo comunican mediante un gesto facial... no lo fotografíe.

Autorización del modelo

Si quiere realizar un retrato para darle un uso comercial a la imagen, ya sea de un amigo o de un modelo profesional, asegúrese de que la persona retratada firma una autorización mientras se encuentra en el estudio.

Esta autorización le permitirá utilizar la imagen de la persona retratada en proyectos comerciales, como por ejemplo anuncios, folletos, sitios Web o promociones diversas, o bien revender las imágenes en algún banco de imágenes. El permiso escrito del modelo es necesario para este tipo de uso porque sin él podríamos exponernos a alguna demanda y a alguna situación embarazosa con nuestro cliente. Para evitarlo, consiga la autorización firmada por el modelo. Los modelos profesionales están

acostumbrados a firmar este tipo de contratos (después de todo, ¿de qué sirve contratar a un modelo profesional si luego no se nos permite utilizar las fotografías?); con ellos no tendrá problemas, y no tiene por qué sentirse incómodo pidiéndoles que lo firmen. Si el modelo es un amigo o un colega de trabajo, hágales saber de antemano que necesita su permiso para poder utilizar su imagen (nunca me he encontrado con nadie que se niegue a firmar la autorización). La legislación varía de un país a otro, pero no cabe duda de que contar con una autorización firmada es mejor que nada. Realice una búsqueda en Internet.

No siempre hay que estar sonriendo

En la fotografía de retratos, tendemos a pedir a nuestros modelos que no dejen de sonreír en todas las fotografías. Después de todo, queremos conseguir imágenes en las que los modelos parezcan felices y en las que parezca que se lo están pasando bien. Las sonrisas funcionan: ¡qué duda cabe que queremos fotografías con modelos sonrientes! Pero asegúrese de incluir alguna que otra imagen con una expresión algo más serie. En la vida real no siempre estamos sonriendo, y cuando sonreímos para una fotografía de retrato, con frecuencia se trata de una sonrisa posada que nos impide captar una emoción genuina. Si quiere realizar retratos con algo más de profundidad, emoción y realismo, incluya en la sesión varias fotografías en las que el modelo no sonría, como la fotografía que aquí se muestra. He aquí la clave a la hora de obtener retratos más realistas.

Scott Kelby

No es necesario mirar siempre a cámara

Otra de las cosas para las que estamos programados es que nuestros modelos siempre miren a cámara. Si bien es cierto que hacer de los ojos de nuestro modelo el centro de atención de nuestra imagen añade interés a la fotografía, algunos de los retratos más dramáticos y cautivadores jamás realizados muestran a un modelo que mira en otra dirección. Tenga este consejo en cuenta la próxima vez que se disponga a realizar un retrato en exteriores; los resultados le sorprenderán.

Sobreexponga intencionadamente

He aquí otra técnica que puede poner en práctica: sobreexponga intencionadamente. Se trata de una técnica ideal para aquellas ocasiones en las que queremos obtener un aspecto brillante para nuestros retratos, ya que oculta los detalles y dota a nuestras imágenes de un aspecto de ensueño. Veamos cómo hacerlo. Tome una fotografía normal (deje que sea la cámara la que fije la exposición). Posteriormente, añada algo de compensación de la exposición.

Básicamente, en este caso le estamos diciendo a la cámara lo siguiente: "Bien. He visto que has elegido la exposición correcta para esta foto, pero voy a anular tu elección y voy a sobreexponer la imagen". En Nikon, mantenga pulsado el botón de compensación de la exposición (el botón +/- situado en la parte superior de la cámara, justo detrás del disparador) y a continuación gire el dial del comando en la parte trasera de la cámara, hasta ver un valor de +1.0 en el panel de control ubicado en la parte superior de la cámara: con ello, habremos añadido un paso más brillante de lo que la cámara nos ha indicado.

En Canon, asegúrese de que el botón de encendido está en la posición superior; mantenga pulsado el disparador a la mitad, mire el panel LCD de la parte superior y gire el dial de control hacia la derecha para aumentar la compensación de exposición hasta alcanzar un valor de +1.0. A continuación tome una fotografía y observe el resultado en el panel LCD trasero.

Si no le parece lo suficientemente brillante, aumente la compensación de la exposición hasta conseguir el aspecto de ensueño deseado.

NOTA

Este truco no funciona en modo Manual

La compensación de la exposición funciona en todos los modos estándar, salvo si se selecciona el modo manual.

Un collage fotográfico para narrar una historia

Si realmente tiene la intención de plasmar en fotografías la personalidad de un niño (y como yo, no es precisamente fan de los posados artificiales), no deje de disparar mientras el pequeño se encuentra correteando libremente por el estudio.

Posteriormente, tome las mejores fotografías y coloque tres o cinco fotos en una serie dentro del mismo marco, como en la imagen que aquí se muestra. Al agrupar una serie fotográfica de este estilo, pasaremos instantáneamente de tener una imagen estática a contar una historia. Por experiencia, sé que a los clientes (es decir, a los padres) les encanta.

Scott Kelby

¿Cómo fotografiar a recién nacidos y evitar un rostro plano?

Los recién nacidos suelen tener el rostro bastante plano, razón por la que suele resultar bastante difícil obtener retratos favorecedores. El truco consiste en conseguir que su rostro tenga un aspecto algo más redondeado, colocando bien sea el bebé, bien sea la fuente de luz, de tal modo que parte del rostro esté en sombra. Con ello añadiremos algo de profundidad y dimensión a la imagen y evitaremos ese aspecto plano tan característico.

Fotografía infantil: aléjese de la cámara

He aquí un truco estupendo que aprendí de Jack Resnick, un fotógrafo amigo que se dedica a la fotografía publicitaria con niños (es uno de los mejores fotógrafos del mercado). Jack suele colocar la cámara sobre un trípode, pero en lugar de quedarse detrás de la cámara (lo cual crea un obstáculo entre el niño y el fotógrafo) se sitúa directamente delante del niño e interactúa con él. Una vez haya conseguido interactuar con el niño, podrá centrarse en conseguir aquellas reacciones y emociones que por regla general resultan tan difíciles de crear cuando estamos detrás de la cámara. Para ello, necesitará un disparador inalámbrico (puede adquirirlo en B&H Photo),

que le permitirá trabajar de forma independiente con su modelo: tanto usted como el pequeño podrán pasar un rato agradable y obtener imágenes memorables.

Haga que el niño centre su atención en una única persona

Si papá, mamá y la abuelita se encuentran dentro del estudio, todos intentarán que el bebé mire a cámara. El problema es que cada uno de ellos estará colocado en una zona diferente del estudio, con lo cual el bebé mirará en todas direcciones. Elija a una persona encargada de llamar la atención del pequeño y colóquela detrás de la cámara, a un lado.

Evite los planos cenitales en fotografía infantil

Si los resultados de sus fotografías con niños no le satisfacen, la razón puede ser que esté intentando retratarlos como lo hace la mayoría de la gente: desde arriba, en posición cenital. El problema con esta técnica es que en el día a día, es así cómo vemos a los niños; si fotografiamos a los pequeños utilizando esta misma posición, obtendremos fotografías de aspecto vulgar. El truco está en disparar a su altura: arrodíllese, siéntese o incluso túmbese en el suelo para plasmar la imagen del pequeño desde un punto de vista diferente. El resultado será notablemente diferente.

Es uno de los trucos más sencillos que puede poner en práctica, pero le reportará una notable mejora en sus imágenes.

Scott Kelby

Los juguetes

Los adultos se vuelven tímidos delante de una cámara y se sienten intimidados. ¡Imagínese lo intimidado que puede llegar a sentirse un niño pequeño en un estudio, con todas esas luces y soportes alrededor! Para conseguir que los pequeños se relajen, utilice el mismo truco que mencionamos para los adultos: consiga un juguete o un peluche llamativo o interesante para distraer al pequeño y hacer que se diviertan durante la sesión.

CAPÍTULO

7

FOTOGRAFÍA DEPORTIVA PROFESIONAL

Velocidad de obturación: 1/4000sec
Abertura: f/4
ISO: 400
Distancia focal: 200 mm
Fotógrafo: Scott Kelby

Cómo conseguir
resultados profesionales

La fotografía deportiva, especialmente cuando algún familiar participa en alguna competición, es uno de los estilos de fotografía más gratificantes, emocionantes, frustrantes, exasperantes, agotadores, caros, trabajosos y divertidos que puede tocarnos en suerte. Más o menos estaría a la misma altura que sumergir por accidente nuestro equipo fotográfico en el mar (para que se haga una idea). Se lo digo por experiencia: llevo ya algún tiempo dedicando buena parte de mi tiempo a la fotografía deportiva profesional, desde carreras de coches a fútbol americano profesional, carreras de caballos o béisbol, y permítame decirle que... ¡es un dolor! Entonces, ¿por qué lo hago? ¡Porque me encanta! Dicho lo cual, vuelvo a repetirlo: es un dolor. Un auténtico dolor. Pregunte, si no, a cualquier fotógrafo deportivo. Tras pasar un día entero fotografiando una competición, terminará arrastrándose por ahí como si hubiera participado en la misma en lugar de haberse limitado a fotografiarla; claro que no hay nada tan emocionante como la fotografía deportiva. Aunque en realidad no es emocionante en sí; más bien es el típico "date prisa y espera", porque en todos los deportes hay muchísimos instantes en los que no pasa nada (tiempos muertos, penaltis, tiempos de descanso, pausas para la publicidad, lesiones, etc.), momentos que dedicamos a charlar con otros fotógrafos, que en su mayor parte están un poco cabreados porque justo en esos momentos uno se da cuenta de la cantidad de dinero que ha invertido en su equipo para poder dedi-carse a la fotografía deportiva y siempre que nos paramos a pensarlo... morimos un poco por dentro. Podríamos estar conduciendo coches estupendos, viviendo en casas preciosas o pagándoles a nuestros hijos los estudios en alguna universidad cara. Pero no: allí estamos, esperando a que termine el tiempo muerto para después ahogar sus penas en alcohol. Y antes de darme cuenta, aquí estoy: escribiendo el tercer volumen de mi libro cuando lo que realmente necesito es un abrazo, un monopie decente y una caja de ibuprofeno.

ISO automático para congelar el movimiento

Si va a fotografiar algún deporte en el que necesite congelar el movimiento (fútbol, baloncesto, béisbol, etc.), asegúrese de utilizar una velocidad de obturación adecuada (aproximadamente 1/1000 sec).

Durante el día no le resultará difícil conseguir esta velo-cidad de obturación, siempre que utilice una abertura de f/2.8 o f/4; pero en un día nublado, cuando cambia la luz o al atardecer, corremos el riesgo de que la velocidad de obturación caiga por debajo de 1/1000 sec y de volver a casa con un montón de fotografías borrosas. Por esta razón, le encantará el ISO automático, que le garantiza poder mantener una velocidad de obturación mínima,

ya que el ISO va aumentando automáticamente sin ne-cesidad de modificarlo manualmente. Lo mejor de esta funcionalidad es que el salto de una sensibilidad a otra no se limitará a pasar de ISO200 a ISO400: solamente saltará lo necesario, por ejemplo de ISO200 a ISO273 (una opción que ni siquiera podemos elegir manual-mente en la cámara).

En Nikon puede activar esta opción en el menú **Disparo**, dentro de los ajustes de configuración del ISO. Introduzca la velocidad mínima de obturación que desea mantener (en mi caso, utilizo 1/1000sec) y active la opción de ISO automático. Obtendrá imágenes nítidas independiente-mente de los cambios de luz que se produzcan sobre el terreno. En un modelo Canon, puede configurar el ISO en automático (A) observando el panel LCD y girando el dial de la parte superior de la cámara.

Utilice los botones extra de enfoque del teleobjetivo

Si va a dedicarse a la fotografía deportiva utilizando tele-objetivos con una distancia focal de 200 mm o superior, encontrará en la mayoría de estos objetivos un segundo botón de enfoque (o varios) directamente situado en el barril del objetivo, hacia el final.

Estos botones le permitirán bloquear el enfoque con la mano que utilizamos para sostener el objetivo y apretar el disparador con rapidez. No obstante, existe una fun-cionalidad añadida y poco conocida que puede marcar las diferencias a la hora de conseguir la imagen deseada. Utilizaremos el béisbol como ejemplo. Supongamos que el jugador que intenta marcar una carrera empieza en la primera base: la acción se desarrollará en la segunda base. Enfocaríamos a la segunda base y activaríamos el botón **Memory Set** de nuestro teleobjetivo (en el caso de que el objetivo tenga un botón de bloqueo). Activaríamos en-tonces la función de bloqueo AE de la cámara. En lugar de enfocar en el momento en el que pulsamos el disparador, la cámara enfocará cuando pulsemos el botón de bloque de enfoque **AE** en la parte trasera de la cámara. A conti-nuación, dirigiríamos la cámara hacia el bateador y pulsa-ríamos el botón de bloqueo **AE** para enfocarlo. Cuando batee, apriete el disparador. No tendrá que esperar a que el autoenfoque actúe, puesto que ya habremos enfocado gracias al botón de bloqueo del enfoque automático. Si el jugador batea correctamente, nos desplazaríamos con la cámara inmediatamente a la segunda base: con la mano que sostiene el objetivo, apretaríamos el segundo botón de enfoque ubicado en el barril del objetivo, que recordará el enfoque que bloqueamos para la segunda base. No tenemos más que esperar la llegada del jugador y apretar el disparador. Ambas zonas (la base y la segunda base) estarán perfectamente enfocadas y usted estará listo para atrapar la acción.

Utilice el ISO ampliado en competiciones nocturnas

Una de las cosas más sorprendentes que los recién ini-ciados en la fotografía deportiva aprenden muy pronto es lo oscuro que un campo deportivo puede llegar a estar en horario nocturno. Podría no parecerlo desde la grada, pero para nuestra cámara es el equivalente de disparar en el interior de un museo, ya que necesitamos mantener una velocidad de obturación lo suficientemente alta como para congelar la imagen (como ya he mencionado con anterioridad, una buena velocidad media es 1/1000).

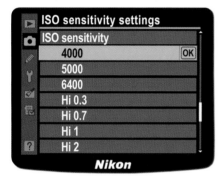

¿Realmente es tan problemático? Por poner un ejemplo, durante un partido nocturno de los Chicago Bears en el estadio Soldier Field de Chicago, tuve que utilizar ISO 4000 durante la mayor parte del encuentro para poder alcanzar esa velocidad de 1/1000 sec. Desde la grada, e incluso desde la parte baja del campo, el estadio parece muy iluminado, hasta que miramos por el visor y vemos la velocidad de obturación que marca la cámara. Si esto ocurre en el Soldier Field de Chicago, puede imaginarse el enorme reto que supone fotografiar un partido en

cualquier campo aficionado. Ésta es la razón por la que se ha popularizado el uso de cámaras capaces de funcionar correctamente a ISO alto con un nivel de ruido mínimo (hablamos de modelos como la serie Mark III de Canon o las D700 y D3 de Nikon, capaces de ofrecer imágenes con muy poco ruido incluso a ISO 6400). Si intenta disparar a un ISO tan alto con cámaras con menos prestaciones, los resultados estarán muy alejados del objetivo deseado. No me complace especialmente aconsejarle que adquiera una cámara de gama alta que le permita utilizar un ISO alto, pero tal y como mencioné en el volumen 1, la fotografía deportiva es cara. Si va a dedicarse a ello, ya puede buscarse otro trabajo para financiarse el equipo.

Ventajas de fotografiar desde la línea de gol

Si se dedica a fotografiar partidos de fútbol, es bastante probable que le toque pasar buena parte del tiempo fotografiando el partido desde las bandas. De ser el caso, es más que probable que termine tirándose de los pelos mientras el árbitro, los linieres, el árbitro auxiliar y las cámaras de televisión se interponen entre usted y "la foto". Por esta razón verá a muchos fotógrafos profesionales intentando hacerse con un hueco en la línea de gol y en la zona del saque de esquina (en esta imagen correspondiente a un partido de fútbol americano me situé detrás de los palos, en un partido entre Ohio State y

Michigan). Lo único malo es que si la posesión del balón cambia, tendrá que decidir si quiere ir en dirección a la portería contraria, donde se desarrolla la acción (como ve, siempre hay un "pero").

Scott Kelby

Las dos fotografías más populares en fotografía deportiva son...

El "Santo Grial" de cualquier fotógrafo deportivo profesional sería el de ver publicadas sus fotografías en una revista como *Sports Illustrated*. Los mejores publican allí: son fotografías extraordinarias y, como puede imaginar, no es fácil publicar allí (razón por la cual todo fotó-

grafo que se precie sueña con ello). Pero, ¿qué tipo de imágenes suelen incluir las revistas del estilo de *Sports Illustrated*? En cierta ocasión impartí una clase sobre fotografía de fútbol americano y quería ofrecer una respuesta a mis alumnos, de manera que me dediqué a investigar esta cuestión.

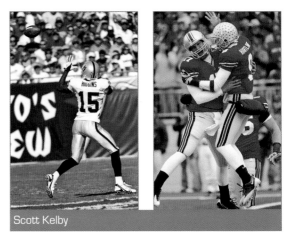

Scott Kelby

Descubrí que son dos las imágenes que con más frecuencia se incluyen en estas revistas: en primer lugar, imágenes que muestren algo de acción en las que el balón forma parte de la imagen con el atleta. En segundo lugar, las celebraciones. Ocasionalmente se incluyen fotografías de atletas que acaban de sufrir una derrota, pero por regla general se incluyen fotografías de atletas celebrando una victoria: Tiger Woods con el puño en alto, los jugadores de un equipo de hockey con los palos en alto, un jugador de fútbol celebrando la victoria de rodillas, dos jugadores de fútbol americano chocando en el aire. Éstas son las fotografías que, casi de forma invariable, suelen incluirse en *Sports Illustrated*. Además, suelen ser tomas que muestran un primer plano de los jugadores en las que podemos observar las expresiones faciales y la emoción del encuentro. ¿En qué nos ayuda esto? El lector podrá imaginar que, después de todos estos años, en *Sports Illustrated* saben cuál es el tipo de fotografía que sus lectores quieren ver, ¿no es así? ¡Cierto! Así pues, ahora ya conoce los dos tipos de fotografía que debe intentar captar en el próximo partido. Recuerde: si la pelota no aparece en el encuadre o los jugadores no están celebrando algo... su fotografía no aparecerá en la revista. Razones no faltan.

¡A otra cosa, mariposa!

Supongamos que está fotografiando un partido por libre y que no tiene ningún encargo profesional ni hay ningún miembro de su familia disputando el encuentro; por ejemplo, un partido de fútbol americano. Una vez haya conseguido una fotografía perfecta del *quarterback* con el jugador posando en la postura perfecta, la pelota saliendo en espiral y con el encuadre perfecto, o una fotografía del *kicker* intentando conseguir el punto extra con la pelota saliendo de sus pies pero todavía

dentro del encuadre (como en la fotografía que aquí se muestra)... ¡pase a otra cosa! No siga fotografiando la misma postura una y otra vez, salvo cuando pueda esperar un resultado diferente.

Scott Kelby

No puede imaginarse la de veces que algún amigo ha terminado un partido con más de 200 fotografías del *quarterback* en la misma postura. Algunas veces, la foto perfecta estaba entre las primeras, pero siguieron fotografiándolo durante el resto del partido.

Una vez haya obtenido la foto perfecta de un jugador (por ejemplo, un receptor intentando atrapar el balón por encima de su cabeza), eso es todo: ya tiene la foto. Intente plasmar cualquier otro aspecto del encuentro, un jugador en una posición diferente, o simplemente siga el desarrollo del partido. Cuando concluya el encuentro no tendrá "la foto perfecta". ¡Tendrá muchas fotos perfectas!

Desactive el sonido de su cámara

En determinados deportes, como el tenis o el golf, es clave que el fotógrafo sea lo más silencioso posible (podrían llegar a gritarle si llama excesivamente la atención). Para no destacar, puede desactivar el sonido del autoenfoque en su cámara, ese pequeño "bip" audible que nos hace saber que la imagen está correctamente enfocada.

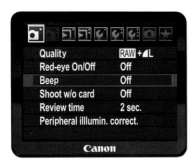

Para confirmar que la imagen está enfocada, observe la señal visible que aparecerá en el visor de la cámara (en las cámaras Nikon, el indicador de enfoque es un círculo que aparece en la esquina inferior izquierda del visor; en Canon, verá una luz de confirmación de enfoque en la esquina inferior derecha). El único sonido que podrá escucharse será el del disparador. Para desactivar el sonido del autoenfoque en Nikon, vaya al menú de ajustes personalizados y desactive la opción de sonido. En Canon, vaya al menú de **Disparo 1**, elija **Sonido** y desactívelo como se muestra en la imagen.

Active el enfoque continuo para seguir la acción

En fotografía deportiva, es recomendable modificar los ajustes de configuración del enfoque en nuestra cámara para poder seguir la acción y no perder el enfoque. Cambie el modo de enfoque habitual, utilizado para objetos estáticos, a un modo de enfoque que automáticamente realizará un seguimiento del objeto en movimiento si éste se aleja de la zona de enfoque. En Nikon puede cambiar el modo de enfoque AF Servo único al modo de enfoque Servo automático; para ello, utilice la pequeña palanca ubicada en la parte frontal de la cámara junto al objetivo, marcada con los símbolos M, S y C. Para elegir el modo de enfoque servo continuo, elija la posición C. En Canon, elija el modo AI Servo AF. Para ello, pulse el botón **AF Drive** situado en la parte superior de la cámara y gire la rueda principal hasta que la leyenda AI Servo aparezca en el panel LCD superior.

Scott Kelby

No congele siempre el movimiento

Si está fotografiando una carrera automovilística o una exhibición aérea, congelar el movimiento no siempre es la mejor opción. Tomemos el ejemplo de la Fórmula 1: si congelamos por completo el movimiento, no veremos girar las ruedas del coche, que parecerán completamente estáticas, como si el coche estuviera aparcado en la pista. Lo mismo ocurre en el caso de las motos, o los reactores de un avión: parecería como si todos ellos estuvieran quietos. Por ello, es recomendable reducir la velocidad de obturación a 1/250 o 1/360 sec y seguir el objeto en movimiento (el llamado "barrido"). Con ello, conseguiremos una velocidad de obturación lo suficientemente lenta para mostrar las ruedas girando y la sensación de velocidad y movimiento que de otro modo no podríamos captar.

Evite las vallas a toda costa

Si se encuentra fotografiando un partido infantil, he aquí un pequeño truco que le ayudará a obtener imágenes que presenten un aspecto más profesional: intente encuadrar la imagen de forma que en lugar de ver las vallas del campo (algo muy frecuente en este tipo de encuentros deportivos) o los coches aparcados cerca del campo, consiga incluir a los espectadores (o bien a otros padres u otros jugadores) en el fondo. El resultado será especialmente atractivo si utiliza una abertura grande (utilice el número f más bajo que permita su cámara, como por ejemplo f/2.8 o f/4), para desenfocar el fondo.

Scott Kelby

Scott Kelby

Aproveche la luz diurna para iluminar a los jugadores

Si va a fotografiar un partido en horario diurno, recuerde colocarse en una posición con el sol situado por encima del hombro. De este modo los jugadores estarán iluminados por el sol y podrá ver sus expresiones faciales. De lo contrario, los jugadores quedarán en la sombra, algo especialmente problemático si llevan casco. Quizás tenga que disparar desde el lado opuesto del campo (por ejemplo, en el lado correspondiente al equipo contrario), pero en última instancia podrá ver con claridad a todos los jugadores y captar todas las emociones que forman parte del juego.

Dispare desde una posición baja

La próxima ocasión en la que tenga que fotografiar un evento deportivo, observe a los fotógrafos profesionales: verá que una de las cosas que los profesionales hacen una y otra vez es disparar desde una posición baja con una rodilla en el suelo para poder obtener una perspectiva más interesante en sus imágenes.

Es un truco que puede aplicar a todo tipo de eventos, desde carreras automovilísticas a partidos de fútbol: adoptar un punto de vista más bajo le dará la sensación de estar en mitad de la acción y dar a los atletas (o los automóviles) una mayor presencia.

¡Protéjase las rodillas!

Mike Olivella, un fotógrafo deportivo profesional, me contó uno de los trucos que utiliza para protegerse las rodillas cuando dispara adoptando un punto de vista bajo: compre unas rodilleras rellenas de gel. Hace aproximadamente un año que sigo su consejo, y cuando finalmente lo hice no podía dejar de pensar por qué no lo había hecho antes. Son muy baratas y duraderas, y siempre que me las pongo algún que otro fotógrafo de deportes me mira y me dice: "Yo también tengo de ésas".

Aísle a su sujeto para un mayor impacto

Si quiere que sus fotografías deportivas sean aún más impactantes, siga este consejo: intente aislar al sujeto. Para ello puede optar por dos técnicas: la primera pasa por encuadrar la imagen de tal manera que únicamente aparezcan en escena una o dos personas. Cuando incluimos a muchas personas en la composición, es mucho más difícil para el espectador saber cuál es la figura en la que deben centrar su atención.

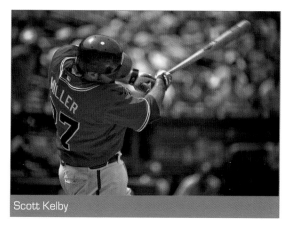
Scott Kelby

Lo último que queremos es que el espectador empiece a mirar la fotografía en busca de la pelota. Busque esas oportunidades en las que es posible fotografiar en

Matt Kloskowski

solitario a un deportista de equipo en el transcurso el partido. En el caso de un partido de fútbol o de fútbol americano, puede incluir a más de un jugador en la escena, pero intente que en la composición quede claro desde el primer momento en qué jugador debe centrarse toda la atención. En segundo lugar, puede utilizar una abertura amplia (f/2.8 o f/4) para que el fondo quede completamente desenfocado. Utilizar una abertura de f/11 en fotografía deportiva es garantía de obtener pésimos resultados: incluso un partido de fútbol profesional parecerá un partido de patio de colegio una vez hayamos prescindido de esa escasa profundidad de campo que estamos acostumbrados a ver en la fotografía deportiva profesional. Tenga en mente la idea de aislar a la figura principal, y obtendrá imágenes mucho más impactantes.

¡Acérquese a la acción!

No hay nada más decepcionante para un fotógrafo deportivo que tener que fotografiar un evento desde la grada. Desde allí, obtendremos fotografías muy parecidas a las que puede obtener cualquier espectador: no estamos aportando nada que los propios espectadores no puedan ver con sus propios ojos. Ésta es la razón por la que es importante acercarse todo lo posible al desarrollo del partido, con el fin de poder aportar al lector aquello que no pueden ver a simple vista. Aportamos emoción, narramos la historia del partido (no sólo el

resultado), mostramos el sudor, la ira, la alegría: todos aquellos aspectos reales que convierten el deporte en lo que es, y no simplemente en una serie de imágenes impersonales de deportistas correteando de un lado para otro. Ésta es la razón por la que la gente reacciona con tanto entusiasmo ante un primer plano: les estamos mostrando algo que no ven habitualmente.

Scott Kelby

No es un punto de vista habitual. En el transcurso de un partido, no nos acercamos tanto a los atletas, razón por la cual resulta fascinante para el espectador poder ver un nuevo aspecto del encuentro. Al compartir estas emociones con el espectador, revelamos ante sus ojos otro aspecto del partido. Y por esta razón los fotógrafos deportivos intentan hacerse con la mejor posición en los acontecimientos deportivos. Las buenas imágenes no se obtienen desde la grada (a menos, claro está, que vayamos equipados con un teleobjetivo enorme; tristemente, al menos en Estados Unidos, los principales estadios prohíben a los aficionados la entrada a fotógrafos aficionados equipados con un equipo fotográfico profesional y muchos estadios no permiten la entrada de objetivos de más de 8 centímetros de longitud).

¿Va a utilizar un segundo cuerpo? Utilice una correa R-Strap

Hace un año conocí la fantástica R-Strap de BlackRapid, un verdadero sueño hecho realidad para cualquier fotógrafo deportivo. Muchos fotógrafos deportivos profesionales llevan dos cuerpos para un evento, uno de ellos equipado con un teleobjetivo de gran tamaño, y un segundo cuerpo con un teleobjetivo corto o un gran angular para aquellas situaciones en las que la acción está muy cerca. La correa R-Strap se ata cruzada al pecho y puede ajustarse a la parte inferior de la cámara, que queda colgando y desde donde podrá utilizarla con rapidez. Cuando necesite tomar una imagen con su segundo cuerpo, basta con echar la mano a un lado y tomar la cámara, subir la cámara hasta el rostro y obtener una fotografía con rapidez y comodidad. Cuando termine, simplemente devuelva la cámara a su posición original. La posibilidad de poder tener un segundo cuerpo tan a

mano en un instante es el sueño de todo fotógrafo deportivo: no acudiría a ningún evento sin esta correa. En `www.blackrapid.com` puede ver una demostración del funcionamiento de la correa.

Cuente una historia en imágenes

Nuestra reacción natural es la de guardar la cámara cuando el partido se detiene o ha finalizado; pero es precisamente entonces cuando debemos seguir disparando, porque es en este momento en el que se nos presenta la oportunidad de contar una historia en imágenes. Imagínese poder captar la expresión facial de un jugador de fútbol que haya recibido una tarjeta roja, o la cara de un entrenador amonestado por el árbitro. Es en esos momentos cuando la emoción se desborda; si deja de disparar cuando el juego se detiene, se perderá algunos de los momentos más dramáticos, emocionantes e incluso emotivos del juego: las imágenes que cuentan una historia.

Scott Kelby

¿Full-frame o factor de recorte?

Hoy en día las cámaras *full-frame* están recibiendo una atención considerable en el mercado. Sin embargo, en el caso de la fotografía deportiva quizás le interese optar por una cámara digital con factor de recorte. Las cámaras digitales con factor de recorte le permitirán acercarse mucho más a la acción. Por ejemplo, en una cámara réflex digital con factor de recorte, como la Nikon D300,

podrá acertarse un 50 por 100 más a la acción; en el caso de los fotógrafos que utilizan Canon (por ejemplo una EOS 50D) podrá acercarse un 60 por 100 más utilizando el mismo objetivo que con una cámara *full frame*.

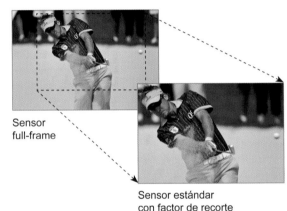

Sensor
full-frame

Sensor estándar
con factor de recorte

Scott Kelby

Si colocamos un objetivo 200 mm en una cámara *full-frame* (por ejemplo, el modelo de Canon 5D Mark II), tendremos 200 mm reales.

Pero si colocamos el mismo objetivo en una Canon 50D, básicamente tendremos un objetivo equivalente a 320 mm. Añádase a continuación un teleconvertidor 1.4x a ese mismo objetivo en una Canon 50D y estaríamos hablando por lo tanto de un objetivo de 450 mm por el mismo precio que un objetivo de 200 mm. A los fotógrafos de paisaje les encantan las cámaras *full frame*, porque el sensor les permite obtener una visión mucho más amplia con sus objetivos gran angular. Pero en fotografía deportiva, el sensor "de la vieja escuela" con factores de recorte 1.5x y 1.6x es una opción realmente atractiva.

El factor de recorte Auto-DX de la D3 y la D700 no es lo mismo

NOTA

Siempre que menciono este tema, alguien suele preguntarme por qué no utilizo el factor de recorte automático (Auto DX) que ofrecen algunas cámaras como la D3 o la D700 de Nikon y que permiten obtener el mismo encuadre que obtendríamos con una D300. Pues la razón es muy sencilla: esta funcionalidad transforma las imágenes de fotografías de 12 megapíxeles en fotografías de 6. En fotografía deportiva, en muchas ocasiones es necesario recortar aún más la imagen en Photoshop y seguir teniendo suficientes megapíxeles para obtener una copia impresa en alta resolución, de modo que la opción de utilizar la funcionalidad de Auto-DX no es una buena opción.

¿No tiene un teleobjetivo? ¡Alquile uno!

Si le han contratado para un trabajo concreto y no dispone de un teleobjetivo lo suficientemente largo para fotografiar el evento en cuestión, alquílelo. Existen compañías (como por ejemplo LensProToGo.com en Estados Unidos) que alquilan teleobjetivos tanto para cámaras Canon como Nikon, así como cámaras que le enviarán de un día para otro. Lo más sorprendente es lo económico que resulta el alquiler.

Por ejemplo, alquilar un teleobjetivo Nikon 300 mm f/2.8 (una lente rápida y fantástica para fotografía deportiva) durante toda una semana viene a costar unos 200 euros.

Si le parece mucho, la alternativa naturalmente pasa por comprar la lente, que en B&H Photo se vende por unos 4.000 euros. Así pues, incluso en el caso de que no siempre le interese alquilar un objetivo, ésta es una buena opción si tiene algún encargo profesional (en mi caso he utilizado el servicio de alquiler en varias ocasiones y nunca he tenido ningún problema).

Evite las imágenes aburridas

Supongamos que estamos en mitad del partido y que vemos que un jugador se dispone a cruzar el terreno de juego. Tenemos un buen ángulo, y tomamos la fotografía.

Por muy buena que pueda parecer la fotografía en la pantalla de su cámara, al abrirla en un programa como Photoshop o Lightroom se preguntará en qué estaba pensando cuando la tomó. Evite fotografiar a un montón de jugadores apiñados o de pie.

Fotografíe únicamente momentos de acción, porque cuando observe las fotografías en casa, se lamentará de haber incluido fotografías donde la acción brilla por su ausencia.

Otra razón por la que debe seguir disparando cuando el juego se interrumpe

En un deporte de equipo como sucede con el fútbol americano, resulta muy fácil perder al jugador que acabamos de fotografiar con la pelota y verlo escondido bajo una pila de contrarios. ¿De qué jugador se trataba? ¿Llevaba el dorsal número 22, o era quizás el número 37? Si sigue disparando una vez se haya detenido el juego, podrá ver quién tenía la pelota y tendrá una foto de referencia en la que verá el dorsal, lo que posteriormente le permitirá identificar al jugador que llevaba la pelota en la primera fotografía. En el ejemplo que aquí se muestra, cuando el jugador empezó a levantarse del suelo pude ver el dorsal en el hombre (era el número 34).

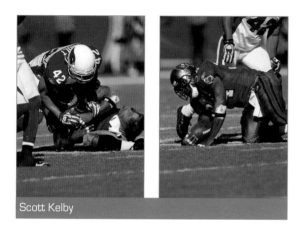
Scott Kelby

No cargue con su mochila a todas partes

Teniendo en cuenta la cantidad de equipo que tendrá que llevar a un evento deportivo, lo último que querrá hacer es tener que cargar con su mochila todo el tiempo.

Peor aún: si decide llevarse una mochila, tendrá que vigilarla constantemente, porque alguien podría fijarse en su equipo. Usted se lleva la foto, y ellos terminan llevándose su cámara y objetivos. Ésta es la razón por la que hace un par de años empecé a utilizar el sistema de cinturones Modular de Think Tank Photo, que me permite tener mis objetivos, accesorios, tarjetas de memoria, e incluso una botella de agua y mi teléfono móvil a unos centímetros de mí, atados alrededor de mi cintura.

Este sistema me permite distribuir el peso de forma ideal y, al igual que la mayor parte de fotógrafos deportivos que lo utilizan podrán decirle, se olvidará de que lo lleva puesto. Puede elegir cuántos bolsillos para objetivos quiere (existen diferentes tamaños para objetivos de diferentes tamaños), cuántos bolsillos para accesorios, etc. Puede personalizar el sistema a su equipo y sus necesidades. No conozco a un solo fotógrafo de deportes profesional que no esté encantado con este cinturón. Puede adquirirlo en www.thinktankphoto.com.

NOTA

Más fotogramas por segundo (fps) con un grip para la batería

En determinados modelos de Nikon (como por ejemplo la D300 o la D700) puede obtener más fotogramas por segundo (fps) agregando a su equipo un *grip* con baterías adicionales. El uso de un *grip* con la configuración adecuada para las baterías permite aumentar el número de fotogramas por segundo, a veces de forma significativa. En el caso de una D700 de Nikon, el número de fotogramas pasa de 5 a 8 fps, lo que supone un incremento del 60 por 100 (por no mencionar que el *grip* le permitirá utilizar el botón de la parte superior para sus tomas en vertical, lo que supone una enorme diferencia).

Bill Smith

un semblante serio y guardan silencio, preparándose mentalmente para la batalla. Estos instantes previos al inicio del partido son estupendos para captar imágenes ciertamente emotivas junto al banquillo, o en el túnel de vestuarios. Intente prestar atención a los diferentes caracteres que hay sobre el campo y ver cómo reaccionan ante lo que está ocurriendo. Obtendrá fotografías espectaculares antes incluso del comienzo del partido.

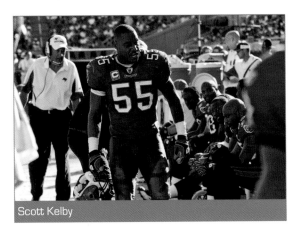
Scott Kelby

Comience a disparar antes del partido

Antes de un gran partido, la energía está a flor de piel. Cada atleta se enfrenta al estrés y a la emoción de forma diferente: algunos se muestran muy animados e intentan animar a otros miembros del equipo; otros muestran

CAPÍTULO

8

CONSEJOS PROFESIONALES
PARA CONSEGUIR MEJORES FOTOGRAFÍAS

Velocidad de obturación: 1/125sec
Abertura: f/4.5
ISO: 200
Distancia focal: 46 mm
Fotógrafo: Scott Kelby

Trucos del oficio para conseguir fotografías de calidad

Cada uno de los capítulos de este libro contiene una serie de técnicas específicas para un tipo concreto de fotografía (retratos, fotografía de estudio, etc.), pero una vez más he querido incluir un conjunto de técnicas que tengan por objeto conseguir imágenes de mejor calidad en general. En última instancia, eso es lo que todos queremos, ¿no es así? Simplemente, queremos hacer mejores fotos. Ésta es la razón por la que nos esforzamos en utilizar nuestras cámaras; no para andar toqueteando los menús, sino porque queremos conocer nuestra cámara al dedillo para poder centrarnos en conseguir mejores imágenes, y no en los aspectos tecnológicos de nuestro equipo. Ahora bien, soy consciente de que el lector estará pensando: "Scott, todo esto está muy bien, pero... Aquí estoy, leyendo todo esto en una de tus introducciones a los capítulos, y tradicionalmente ésta es la parte de tus libros que no es precisamente célebre por contribuir nada especial al capítulo que sigue. ¿Qué está pasando aquí?". Permítame que se lo explique: todo lo anterior tendría sentido si este capítulo le ayudara realmente a conseguir mejores fotografías. Lamentablemente, no es el caso. Lo que sigue a continuación es un extracto de unas 22 páginas de mi tesis doctoral sobre los patrones psicológicos neoclásicos que incluye un análisis de la incapacidad del hombre para reconciliar los acontecimientos de sus experiencias pre- y post-natales con la forma en la que dichos eventos han afectado a sus destrezas comunicativas no verbales en el mercado de trabajo postmoderno. La razón por la que me atrevo a compartir esto con usted es porque, sinceramente, creo que merece un público más amplio que mi director de tesis, que por cierto se mostró en desacuerdo con varias de las conclusiones de lo que cabe caracterizar como un trabajo de investigación bien documentado, profusamente investigado e impecablemente redactado, razón por la cual me referiré a él a lo largo de este capítulo con el sobrenombre de "Profesor Cabeza de Chorlito". Ahora bien, si está pensando: "¡Vaya, doctor Kelby! ¡No sabía que hubiese obtenido usted un doctorado!", simplemente recuerde la regla de oro: estoy mintiendo.

Utilice Live View para configurar el balance de blancos

He aquí una novedosa y estupenda funcionalidad que incluyen algunos de los modelos de cámara digital réflex más recientes de Nikon y Canon, que le permitirá utilizar la pantalla LCD ubicada en la parte trasera de su cámara como visor a la hora de componente la imagen, exactamente igual que con una cámara digital compacta. Quizás no le resulte atractivo en primera instancia, pero tenga en cuenta que, al visualizar la imagen en la pantalla LCD, puede modificar el balance de blancos y comprobar qué aspecto tendrá la fotografía con cada uno de los ajustes de balance de blancos que elija. Con

ello, la configuración del balance de blancos adecuado es pan comido: compruebe las diferentes opciones y cuando vea la que le guste, deténgase. Pruébelo una vez y no dejará de utilizar es funcionalidad, especialmente cuando utilice trípode.

Medición puntual

La mayoría de los usuarios suelen mantener sus cámaras configuradas en el modo de medición por defecto, que en los modelos Canon suele ser la medición matricial o evaluativa, y en Nikon la medición matricial. Básicamente, la cámara analiza la escena e intenta ofrecer una exposición adecuada para la totalidad del encuadre. En las cámaras actuales, estos modos de medición funcionan correctamente la mayor parte del tiempo. No obstante, existe otro tipo de medición conocida como "medición puntual" que le resultará de utilidad en escenas algo más complicadas, como la imagen que aquí se muestra. En este caso, intentaba capturar tanto la luz interior del pasillo como el exterior del edificio.

| Antes | Después |

Scott Kelby

En el modo de medición por defecto (matricial o evaluativa) el interior queda excesivamente oscurecido. En el modo de medición puntual, le indicamos a la cámara lo siguiente: "La parte de la foto que quiero que quede correctamente expuesta es esta área del centro de la imagen". Basta con colocar dicha zona en el centro del encuadre, pulsar el botón del disparador a medio camino para fijar la exposición, y a continuación reencuadrar

para obtener la composición deseada (sin soltar el disparador). Ahora, puede tomar la foto. En el ejemplo que aquí se muestra, simplemente pasé de medición matricial a puntual y apunté a la mesa ubicada en el interior del portal. No obstante, una vez haya tomado la fotografía, acuérdese de volver al modo de exposición matricial o evaluativa, puesto que el uso de la medición puntual se recomienda únicamente en situaciones complicadas.

Fotografía de conciertos y espectáculos

Uno de los errores más garrafales que los fotógrafos suelen cometer a la hora de fotografiar un concierto o espectáculo es el de utilizar el flash. Tengo un amigo que fotografió un concierto con flash y obtuvo resultados penosos. Me envió por correo electrónico algunas imágenes e identifiqué inmediatamente el problema. Esto es lo que le respondí: "A ver si lo he entendido bien: había unas 275 luces de 1.000 vatios cada una apuntando directamente a los músicos... ¿y tú creías necesario añadir una luz más?" Nos reímos a carcajadas, pero no deja de ser cierto. Nuestro objetivo debería ser captar las luces del escenario y obtener una fotografía que tenga el mismo aspecto que tenía el escenario durante el concierto. El uso del flash lo hace del todo imposible (además de molestar a los intérpretes) y pone al descubierto todo tipo de elementos que distraen la atención, como cables, enchufes, cinta aislante y otros elementos que nunca veríamos con la iluminación propia del escenario (de hecho, en los conciertos de las grandes estrellas se prohíbe la fotografía con flash y por regla general tan sólo se permite realizar fotografías en las dos o tres primeras canciones).

John Bradley

Dado que el uso del flash está absolutamente prohibido, la clave en este tipo de fotografías está en utilizar un ISO lo suficientemente alto que nos permita utilizar una velocidad de obturación aproximada de 1/125 y obtener imágenes nítidas con poca luz. La iluminación del escenario suele ser bastante dramática y las luces cambian constantemente, razón por la cual la fotografía de conciertos es una tarea tan difícil. Dado que al utilizar una sensibilidad ISO elevada es posible que obtengamos fotografías con más ruido, es recomendable utilizar un

plug-in reductor de ruido (por ejemplo, el Dfine 2.0 de Nik Software) y utilizar el objetivo más rápido de nuestro equipo (f/2.8, f/2 o f/1.8). Si está cerca del escenario, utilice un gran angular y un 70-200 mm f/2.8 o incluso un f/4, siempre que disponga de una cámara que dé un nivel de ruido bajo.

Fotografía de interiores

Si quiere obtener fotografías de interiores de mayor calidad, siga estos consejos. En primer lugar, encienda todas las luces de la estancia. No se trata de añadir más luz a la escena, sino de dotarla de algo de vida. Los agentes inmobiliarios suelen pedir a los dueños que hagan lo propio a la hora de mostrar su casa a un posible comprador. Ahora, tenemos dos tareas por delante. En primer lugar, debemos conseguir que la estancia parezca muy amplia. A nadie le interesan las estancias diminutas, y para ello tendremos que recurrir al uso de un objetivo gran angular disparando de rodillas desde una posición baja. Coloque la cámara orientada hacia una de las esquinas de la habitación. Uno de los principales problemas a los que tendremos que hacer frente es qué hacer con la luz que entra por los ventanales de la habitación, puesto que nuestras cámaras no son capaces de exponer correctamente tanto el ventanal como el interior de la estancia. Veamos cuáles son los aspectos que deberá tener en cuenta. En primer lugar, actualmente se considera aceptable sobreexponer por completo todo lo que aparece tras un ventanal (puede observar cualquier revista de decoración). Si considera que el exterior es tan importante como el interior, tendrá que tomar dos imágenes con diferentes exposiciones: una de ellas con una exposición correcta para el interior de la estancia; la segunda, correctamente expuesta para captar el detalle de la escena visible a través del ventana, ignorando el interior subexpuesto de la segunda.

Scott Kelby

A continuación, combine ambas imágenes en Photoshop (puede ver un vídeo en www.kelbytraining.com/books/digphotogv3). El segundo de los retos al que deberá enfrentarse (¡no he dicho que fuera fácil!) es el de conseguir una iluminación equilibrada en toda la estancia. Muchos fotógrafos profesionales de interior utilizan pequeños flashes externos ocultos entre los muebles, apuntando directamente al techo, para iluminar la estancia.

Fotografía time-lapse (Canon)

¿Alguna vez ha tenido la oportunidad de ver la grabación en vídeo de un concierto? Al inicio suele mostrarse un segmento en el que podemos ver el estadio vacío y en el que se muestra un escenario gigante con montones de luces y altavoces que se va construyendo ante nuestros ojos: en realidad, el escenario tardó en construirse un par de días, pero ante nuestros ojos no se tarda más de 30 segundos.

Este efecto se consigue mediante la llamada fotografía *time-lapse*, una técnica utilizada en programas de televisión para mostrar atardeceres, eventos en exteriores, flores abriéndose, etc.

Para ello, se coloca la cámara sobre un trípode y se configura la cámara para que tome una foto a intervalos regulares (por ejemplo cada 30 segundos, cada minuto, etc.) durante un periodo de tiempo determinado (una hora, un día, dos semanas, etc.).

Posteriormente, todas estas imágenes se combinan en una película en el ordenador (consulte el vídeo disponible en www.kelbytraining.com/books/digphotogv3). Ahora bien: si la tarea no va a llevarle mucho tiempo, puede tomar una fotografía manualmente a intervalos.

Pero para periodos de tiempo más largos, los usuarios de Canon pueden utilizar un accesorio que cronometra las secuencias: el controlador remoto TC80N3 Timer Remote Control de Canon, que cuesta aproximadamente 140 euros (razón por la cual es probable que opte por el Opteka Timer Remote Control, que cuesta la mitad). Ambos se conectan a la entrada del conector de la cámara y permiten elegir cuántos disparos, con qué frecuencia y durante qué periodo de tiempo se capturarán los fotogramas. No tiene más que instalarlo y alejarse (siempre, claro está, que su cámara esté en un lugar seguro y no se la vayan a robar).

Fotografía time-lapse (Nikon)

¿Alguna vez ha visto el vídeo de un concierto? Al inicio suele mostrarse un segmento en el que podemos ver el estadio vacío y en el que se muestra un escenario gigante con montones de luces y altavoces que se va construyendo ante nuestros ojos: en realidad, el escenario tardó en construirse un par de días, pero ante nuestros ojos no se tarda más de 30 segundos.

Este efecto se consigue mediante la llamada fotografía *time-lapse*, una técnica utilizada en programas de televisión para mostrar atardeceres, eventos en exteriores, flores abriéndose, etc. Para ello, se coloca la cámara sobre un trípode y se configura la cámara para que tome una foto a intervalos regulares (por ejemplo cada

30 segundos, cada minuto, etc.) durante un periodo de tiempo determinado (una hora, un día, dos semanas, etc.). Posteriormente, todas estas imágenes se combinan en una película en el ordenador (consulte el vídeo disponible en www.kelbytraining.com/books/digphotogv3). Varios modelos de cámara réflex digital de Nikon (como la D3, la D300 y la D700) incluyen esa funcionalidad. No necesita más que colocar la cámara sobre un trípode y en el menú de disparo elegir la opción correspondiente al intervalómetro. Pulse la flecha y elija cuándo quiere que comiencen los disparos, cada cuánto tiempo debe tomarse una fotografía, el número de intervalos y el número de disparos por intervalo. Active la opción y la cámara estará lista para grabar las imágenes de forma automática (pero no se aleje demasiado si sabe que pueden robarle la cámara).

Exposiciones múltiples

Siempre que quiera combinar dos imágenes distintas en una sola, puede seguir dos métodos: dentro de la propia cámara (en modelos Nikon) o en Photoshop (para usuarios de Canon y otros modelos de cámara réflex digital que no dispongan de esta función). En una cámara Nikon, puede activar esta funcionalidad en el menú de Disparo>Exposición Múltiple. A continuación en la opción referente al número de disparos puede elegir el número de imágenes que desea combinar (en este caso, como se muestra en la imagen, he elegido 2). Si quiere

que ambas imágenes tengan un fondo consistente, coloque la cámara sobre un trípode. Tome la primera imagen, haga que el modelo se desplace a la segunda posición y tome la segunda fotografía (pero no les deje desplazarse tanto que se salgan del encuadre).

Eso es todo: ambas imágenes se incluirán dentro del mismo fotograma (la ventaja que obtenemos de llevar a cabo este proceso en la propia cámara es que ambas se combinarán en un único archivo RAW, mientras que en Photoshop el resultado final será un archivo en formato JPEG, TIFF o PSD). Para los usuarios de modelos distintos a Nikon, he elaborado un pequeño vídeo explicativo que muestra cómo tomar dos fotografías diferentes y combinarlas en Photoshop, disponible en la dirección de Internet www.kelbytraining.com/books/digphotogv3.

¿Es necesario leer el histograma?

Es probable que esta parte le resulte la más sorprendente del libro. No sólo no utilizo el histograma que se muestra en la parte trasera de la cámara, sino que prácticamente ninguno de los fotógrafos profesionales que conozco lo utilizan.

Scott Kelby

En fotografía digital, nuestra preocupación debe ser mantener el máximo detalle en las zonas de altas luces de nuestra fotografía (es decir, conseguir que esas zonas no sean tan brillantes que lo único que obtengamos sea blanco puro). En lugar de intentar analizar el histograma, basta con activar el aviso de altas luces de la cámara, que nos avisa si alguna parte de nuestra imagen se quema (es

decir, si estamos perdiendo detalles en las altas luces). A continuación, podemos utilizar la composición de la exposición para anular la exposición que ha elegido nuestra cámara y reducir ligeramente la exposición hasta haber recuperado los detalles.

Este aviso nos indica que el lado derecho del histograma está acercándose a la zona derecha de la foto. En cualquier caso, hay una razón por la que el aviso de altas luces es más útil que el histograma: el histograma únicamente me hace saber si alguna parte de la fotografía está afectando a la zona derecha, pero no me indica cuál es la parte de la fotografía que se ve afectada.

Por el contrario, el aviso de las altas luces me muestra en el monitor LCD de la cámara cuál es la parte de la imagen que se está quemando por exceso de luz. Así, puedo ver con rapidez si se trata de una zona que contiene detalles importantes (como por ejemplo una camisa blanca) o una zona que no tiene muchos detalles (por ejemplo, el sol; en el ejemplo que aquí se muestra, puede ver en negro todas las zonas del cielo que se están quemando).

Así pues, si pasa demasiado tiempo estudiando el histograma (o, peor aún, si se tortura porque ni siquiera sabe lo que es un histograma), duerma tranquilo. Como nota adicional, señalaré que hay verdaderos puristas del histograma. Por mi parte, no digo que no utilice el histograma; simplemente, digo que yo nunca lo utilizo (guiño).

Laboratorios fotográficos online

Cuando fotografiaba con película, solía enviar mis negativos a un laboratorio profesional de película para el procesado. Pero con la aparición de la fotografía digital y de las impresoras de calidad baratas, comencé a revelar mis propias fotos.

Hoy en día, combino ambas posibilidades. Sigo imprimiendo mis propias fotos, pero además utilizo los servicios de algún laboratorio *on-line* por varias razones. En primer lugar, es un método rápido y sencillo. Puedo cargar las fotos desde mi propio navegador Web; si las fotos se cargan antes del mediodía, las imprimen y me

las envían el mismo día. En segundo lugar, el laboratorio realizará una corrección del color gratuita (soy bastante hábil con Photoshop, pero en ocasiones es más rápido dejar que otra persona corrija las fotos). En tercer lugar, imprimen a tamaños perfectamente adecuados a los tamaños que producen las cámaras digitales de la actualidad, con lo que no hay recortes innecesarios. En cuarto lugar, existe la posibilidad de enmarcar las imágenes; y en quinto lugar, es posible elegir diferentes tipos de papel y acabados (incluida la impresión sobre superficies metálicas, acabados mate, etcétera). Una vez lo pruebe, se preguntará por qué no lo había hecho antes. Además, los precios del revelado en línea de la actualidad son muy competitivos.

Fotografía en condiciones de poca luz

Si bien existe toda una serie de técnicas de demostrada valía a la hora de fotografiar en situaciones en las que disponemos de muy poca luz (como por ejemplo la fotografía en el interior de una cueva, en un recital de ballet de nuestros hijos o alrededor de una hoguera en un campamento), no existe ningún ajuste secreto o botón mágico que haga que todo funcione como por arte de magia. No obstante, sí existen algunas técnicas que nos facilitarán la labor. En primer lugar, deberá estabilizar su cámara. Dado que vamos a fotografiar con muy poca luz, la velocidad de obturación será menor de 1/60 sec (que suele ser la velocidad mínima a la que la mayoría de nosotros podemos disparar cámara en mano y obtener una fotografía nítida). Por lo tanto, lo ideal es utilizar un trípode. Si no puede utilizar trípode, ¿por qué no recurrir a un monopie? Si tampoco dispone de un monopie, puede apoyar la cámara en otro lugar (en algunos casos he llegado a apoyar la cámara en la butaca vacía de un teatro, en un raíl de alguna atracción turística, e incluso en la valla de seguridad en lo alto del Empire State en Nueva York. ¡He llegado a colocar la cámara sobre el hombro de un familiar o un amigo para estabilizarla).

En mi caso, suelo hacer todo lo posible por estabilizar la cámara para tener que evitar aumentar el ISO, que es nuestro último recurso (a menos, naturalmente, que dispongamos de una cámara de gama alta que ofrezca excelentes resultados a ISO alto). Si no existe ninguna

forma de estabilizar la cámara, no le quedará más remedio que aumentar el ISO: súbalo hasta alcanzar una velocidad de obturación de 1/60 sec o superior, y sostenga la cámara tan firmemente como le sea posible. Si aumenta el ISO, aumentará el ruido de la foto, razón por la cual tendrá que utilizar un software reductor de ruido (en mi caso utilizo el Dfine 2.0 de Nik Software, un *plug-in* para Photoshop y Lightroom que consigue reducir el ruido sin afectar excesivamente a la foto).

Fotografía nocturna: escenarios urbanos

La fotografía nocturna es peliaguda, puesto que no hay dos escenas que tengan una iluminación idéntica. No obstante, he aquí algunos consejos útiles que puede poner en práctica. En primer lugar, deberá elegir la exposición correcta. Dado que toda la escena está oscura, la tentación inicial es la de apuntar a las luces; pero si lo hace, su cámara pensará que toda la escena es igual de brillante y obtendrá una fotografía considerablemente subexpuesta. Intente centrarse en un punto situado a la izquierda o derecha de las luces. Tome una fotografía y analícela en la pantalla LCD de su cámara. Si le parece que la foto es demasiado oscura, utilice la compensación de la exposición para aumentar el brillo de la imagen en un paso y realice otro disparo de prueba. No tardará en hallar la exposición adecuada. Además, el tiempo de exposición puede oscilar entre unos segundos y varios minutos, dependiendo de la cantidad de luz de su escena. Dado que el obturador permanecerá abierto durante un periodo de tiempo considerable, es recomendable utilizar un disparador remoto por cable o inalámbrico para no añadir movimiento cuando apretemos el disparador.

Scott Kelby

Para obtener un balance de blancos adecuado, recurra al truco sobre el balance de blancos y el Live View que hemos explicado con anterioridad. Una cosa más: la mejor hora para tomar fotografías nocturnas de entornos urbanos es aproximadamente media hora después del atardecer, momento en el que conseguirá una mezcla perfecta entre la luz natural residual y las luces de la ciudad.

NOTA

Retire el filtro UV protector para la fotografía nocturna

En la fotografía nocturna, la limitación de rayos ultravioleta nos perjudica y da como resultado imágenes deslavadas, razón por la cual muchos profesionales recomiendan retirar el filtro UV para este tipo de fotografía.

Configuración habitual de la cámara

Por lo general, suelo configurar mi cámara de la misma manera a la hora de realizar mis fotografías. En primer lugar, casi siempre utilizo el modo de disparo de prioridad a la abertura, ya que me permite elegir si el fondo estará enfocado o no. Este modo funciona en fotografía deportiva, en fotografía de naturaleza (por ejemplo, cuando quiero fotografiar una abeja o una flor) o incluso en fotografía de paisajes, ya que me permite tener un control creativo completo sobre el fondo.

El segundo modo de disparo que utilizo es el manual, al que recurro únicamente cuando voy a realizar fotografía en estudio con iluminación artificial. Intento utilizar siempre que me sea posible una sensibilidad de ISO 200 como punto de partida y únicamente subo el ISO si la velocidad de obturación es inferior a 1/60 sec (en mi caso, es la velocidad mínima que me permite tomar fotografías cámara en mano y obtener una fotografía nítida; hay quien llega a 1/30, pero no es mi caso). Si me encuentro disparando en exteriores (por ejemplo, en un viaje de vacaciones o en un evento deportivo en exteriores), configuro el balance de blancos en automático.

Si me adentro en una zona en sombra, cambio el balance a **Sombra**, y cuando entro en interiores intento que el balance de blancos sea el adecuado para el tipo de iluminación que haya en la sala (con lo que me ahorro tener que corregir el color de mis fotografías a posteriori).

En mi caso, siempre procuro configurar el flash de la cámara en modo de sincronización a la cortinilla trasera (segunda cortinilla para los usuarios de Canon), lo que

me permite conseguir algo de movimiento alrededor de mi sujeto, pero al disparar el flash el sujeto aparece perfectamente nítido. En mi caso además, siempre dejo activado el aviso de altas luces y lo observo a menudo para no quemarlas. Y nunca (lo siento) miro el histograma.

La mochila del fotógrafo paisajista

Siempre que me preparo para una salida fotográfica de paisajes, incluyo lo siguiente en mi mochila:

- Un cuerpo de cámara *full-frame* (utilizo *full-frame* para paisajes porque me permite incluir una mayor parte del paisaje en el encuadre).

- Un objetivo 14-24 mm f/2.8 gran angular.

- Un trípode de calidad con rótula.

- Un zoom mediano, en caso de que necesite realizar alguna panorámica (a la hora de realizar panorámicas, suelo evitar el uso del gran angular).

- Un disparador (ya sea por cable o, mejor aún, inalámbrico).

- Un filtro polarizador (para eliminar reflejos u oscurecer el cielo).

- Un filtro gradiente de densidad neutra (para exponer correctamente el paisaje sin deslavar el cielo).

▶ Un disco duro portátil (Epson P-3000, P-6000 o P7000) en el que descargar mis fotografías mientras estoy de viaje.

▶ Un filtro de densidad neutra (para oscurecer una cascada o una corriente de agua y poder utilizar una velocidad de obturación lo suficientemente baja como para conseguir un efecto seda).

▶ Una batería de repuesto, un cargador de baterías y un paño de limpieza (por ejemplo, en caso de que la lente del objetivo se manche de agua), así como un Rocker Air Blower o una pera de farmacia para eliminar cualquier mota de polvo que pueda haber sobre la lente.

▶ Varias tarjetas de memoria guardadas en una funda rígida para tarjetas.

▶ Una bolsa LoewPro Pro Mag 2 AW.

La mochila del fotógrafo deportivo

A la hora de fotografiar un evento deportivo, incluyo lo siguiente en mi mochila:

▶ Dos cuerpos de cámara.

▶ Un teleobjetivo, como por ejemplo un telezoom 200-400 mm f/4 o bien un objetivo que disponga de focal fija 300 mm.

▶ Un zoom (70-200 mm f/2.8) y un zoom gran angular (24-70 mm).

▶ Un objetivo ojo de pez (para las tomas del estadio, etcétera).

▶ Un monopie en el que apoyar el objetivo de mayor tamaño.

▶ Una correa R-Strap de Black Rapid para poder utilizar la segunda cámara con rapidez siempre que lo necesite.

▶ Un disco duro Epson P-3000, -6000 o -7000 para la creación de copias de seguridad de las fotos que tome en el campo.

▶ Un ordenador portátil y un lector de tarjeta FireWire (o IEEE 1394).

▶ Una tarjeta inalámbrica para volcar fotos al ordenador durante el partido.

- Baterías de reserva para los dos cuerpos, cargadores, un paño de limpieza y una pera de farmacia (o Rocket Air Blower) para limpiar las motas de polvo del objetivo.

- Rodilleras rellenas de gel (para proteger las rodillas cuando adoptemos un punto de visión bajo).

- Un sistema modular Think Tank con espacio para mi ojo de pez, las tarjetas de memoria de reserva, una botella de agua, una barrita energética y un gran angular.

- Un cobertor Hoodman HoodLoupe para cubrir la pantalla LCD y poder ver las fotografías a plena luz del día.

- Una mochila que se encuentre equipada con ruedas Think Tank Airport Security 2.

La mochila del retratista en exteriores

Para fotografías de retratos en exteriores, incluyo lo siguiente en mi mochila:

- Un objetivo 70-200 mm.

- Un objetivo 24-70 mm.

- Dos flashes inalámbricos con difusores.

- Dos soportes de luz ligeros, dos paraguas traslúcidos y dos adaptadores.

- Dos paquetes de 8 pilas de tipo AA para las unidades de flash.

- Dos conjuntos de geles para los flashes: de colores naranjas y verdes.

- Un *pack* de pilas por separado para un reciclado más rápido de los flashes.

- Un disco duro portátil Epson P-3000, -6000 o -7000 para crear copias de seguridad de las fotos.

- Varias tarjetas de memoria guardadas en una funda rígida de plástico.

- Una cámara y un segundo cuerpo si el trabajo es remunerado.

- Una batería de reserva, el cargador, un paño de limpieza y un Rocket Air Blower o pera de farmacia para limpiar las motas de polvo del objetivo.

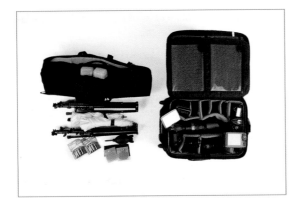

La mochila del fotógrafo viajero

En fotografía de viajes, incluyo los siguientes elementos en mi mochila:

- Una cámara (un cuerpo DSLR que disponga de factor de recorte).

- Un objetivo zoom 18-200 mm (prefiero un todoterreno).

- Un disco duro portátil P-3000, -6000 o -7000 para crear copias de seguridad de las fotos.

- Una batería de reserva, un cargador, un paño de limpieza y un Rocket Air Blower o pera de farmacia para limpiar las motas de polvo del objetivo.

- Un trípode portátil pequeño para fotografiar platos de comida o fotografiar "de tapadillo" aquellos lugares en los que normalmente no se permite la fotografía con trípode.

La mochila del fotógrafo de bodas

A la hora de fotografiar una boda, incluyo lo siguiente en mi mochila:

- Dos cámaras (el segundo cuerpo, de reserva).

- Un gran angular (14-24 mm), un 50 mm f/1.4 (para fotografías cámara en mano con poca luz), un 70-200 mm f/2.8, un objetivo ojo de pez 10.5 (para captar algunos momentos divertidos durante el banquete) y un 24-70 f/2.8.

- Un disco duro portátil P-3000, -6000 o -7000 para crear copias de seguridad en la propia boda y cuadro tarjetas de memoria de 8 GB.

- Un kit para limpiar el objetivo.

- Una maleta con ruedas LowePro Pro Roller 1.

El equipo de iluminación se compone de:

- Dos flashes (como por ejemplo, dos unidades de tipo Nikon SB-900).

- Difusores de plástico para los flashes.

- Una unidad de control remoto Nikon SU-800 para disparar los flashes en modo inalámbrico.

- Dos soportes de luz Bogen con pinzas para sostener los paraguas (el segundo como reserva).

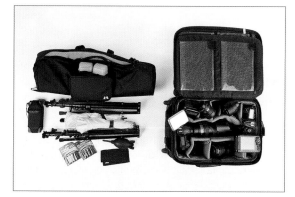

- Dos paraguas blancos traslúcidos de 43 pulgadas (uno de ellos de reserva).

- Un reflector Westcott blanco/plateado.

- Un difusor triple

- Cuatro paquetes de pilas AA, un cargador de pilas, y un *pack* de baterías Nikon SD-9 para que las pilas duren más tiempo y conseguir tiempos de reciclado más rápidos.

- Una escalerilla transportable que le servirá para realizar tomas cenitales y transportar el equipo de iluminación.

- Una maleta Hakuba PSTC 100 para transportar los flashes, soporte, paraguas y pinzas.

¿Balance de blancos o corrección del color?

Hay una razón por la que hoy en día se habla tanto de la necesidad de conseguir un balance de blancos correcto: si elige el balance de blancos correcto en la cámara, se evitará tener que realizar una corrección del color durante el postproceso en Photoshop (o Lightroom, Aperture, etcétera).

La razón es que, una vez que haya configurado el balance de blancos de forma correcta, el color de la fotografía será perfecto.

Si el balance de blancos no está configurado correctamente, será necesario corregir el color con posterioridad para evitar que la foto tenga alguna dominante azul, amarilla, etc. Si quiere evitar la corrección de color, configure el balance de blancos adecuado para el tipo de iluminación de la escena (por ejemplo, para una fotografía en sombra, configure el balance de blancos en **Sombra**. Así de fácil).

¿Cuántas fotografías de calidad podemos obtener en una sesión?

Supongamos que es un excelente fotógrafo y acaba de regresar de una sesión que ha durado un par de horas (un maratón fotográfico, o un paseo por la ciudad en vacaciones). Digamos que ha tomado unas... 240 fotos. ¿Cuántas de ellas cabría esperar que fueran extraordinarias, fotos que merecería la pena ampliar, enmarcar y colgar en la pared? Quizás muchos lectores se sorprendan o incluso se escandalicen al saber que muchos profesionales se conformarían con haber sacado una buena fotografía entre esas 240 fotos. Personalmente, si consigo dos o tres fotos de calidad de una sesión, me pongo muy contento. Piénselo: si le contratasen para realizar la fotografía de portada de la revista *Vogue* y contratase a una top model con ayudantes en un gran estudio de París o Nueva York y se dedicase un día entero a fotografiar a la modelo... ¿cuántas de esas fotos terminarían en la portada?

NOTA

¿Quiere un balance de blancos siempre correcto?

Cambiar los ajustes de configuración del balance de blancos en la cámara para adecuarlos al tipo de iluminación que tenga es mejor que nada, pero si realmente quiere "clavar" el balance de blancos en todas sus fotografías, puede adquirir un disco ExpoDisc (en Expolmaging). Es un disco traslúcido que se sostiene delante del objetivo apuntando hacia la fuente de luz; se toma una fotografía y se crea un balance de blancos personalizado ajustado para el tipo exacto de luz con la que contamos. Es maravilloso, y muchos fotógrafos profesionales no se separan de él.

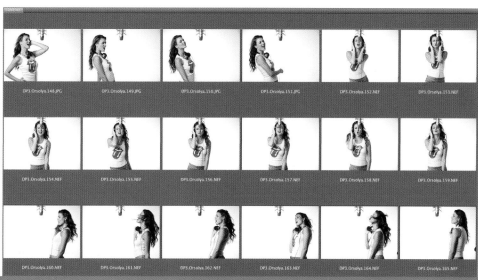

Scott Kelby

Una. Siendo realistas, ¿cuántas fotos tendrían los señores de *Vogue* para elegir de una sesión? Es decir, ¿cuántas de las fotos de la sesión tendrían la calidad suficiente para terminar siendo portada de *Vogue*? Incluso el mejor profesional terminaría con unas 10 o 12 fotos verdaderamente merecedoras de figuras en portada. Y esto es cierto para los fotógrafos de paisajes, de viajes, o para la fotografía publicitaria. Hable con los mejores profesionales y podrá comprobar que la mayor parte de sus fotografías terminan en la papelera. Cuando tenemos 240 fotografías de una sesión, lo más seguro es que entre ellas haya varias fotografías extraordinarias, pero... ¿cuántas de esas fotografías enmarcaríamos y colocaríamos en la pared? Probablemente, una. Cuando vemos expuesto el trabajo de un profesional (en una galería o en un pase de diapositivas), realmente vemos únicamente sus mejores fotos: estamos viendo la mejor fotografía de la sesión. Sólo que han hecho muchas sesiones de 240 fotos cada una.

Si su cámara graba vídeo...

Si su cámara réflex digital puede grabar vídeo en alta definición, como los modelos Canon 5D Mark II o Nikon D90 o D5000 (cada vez son más los modelos de réflex digitales que incluyen esta funcionalidad), existe un ajuste de configuración especial que le ayudará a obtener mejores resultados. Es recomendable bloquear el ajuste de la exposición automática; de lo contrario, a medida que movamos la cámara, la exposición irá cambiando a medida que nos desplacemos por la escena. De lo contrario tendremos un vídeo con diferentes exposiciones (¡un horror!). En Nikon vaya al menú de personalización y en la opción de controles, elija la opción **Asignar AE-L/AF-L** (acrónimos correspondientes de Bloqueo Automático de la Exposición y Bloqueo Automático del Enfoque). Busque la opción **Bloqueo AE** y elíjala. Cuando grabe vídeo, una vez comience a grabar, pulse el botón **AE-L/AF-L** en la parte trasera de la cámara: la exposición permanecerá estable durante la grabación. Pulse el botón una vez más para desbloquear la exposición. En una cámara Canon equipada con grabación de vídeo diferente de la Canon 5D Mark

II puede bloquear la exposición apretando el botón **AE Lock/FE Lock** ubicado en la esquina superior derecha de la parte trasera de la cámara para impedir que la exposición cambie a medida que movemos la cámara. Además, si dispone de una Canon 5D Mark II, existe una actualización del *firmware* que permite controlar manualmente la exposición en modo manual. Cuando grabe vídeo, podrá ajustar manualmente los controles relativos a la exposición, como por ejemplo el ISO, la abertura o la velocidad de obturación.

CAPÍTULO

9

CÓMO EVITAR PROBLEMAS...
COMO UN PROFESIONAL

Velocidad de obturación: 1/8000sec
Abertura: f/8
ISO: 200
Distancia focal: 24mm
Fotógrafo: Scott Kelby

Aprenda a evitar esas situaciones que lo vuelven loco

Las cámaras digitales de la actualidad son instrumentos extremadamente sofisticados. Si lo piensa detenidamente, tiene entre las manos un objetivo, un mecanismo de obturación, un monitor de TV en color y un ordenador. Dentro de todas las cámaras digitales hay un ordenador. Para eso sirven esos menús de la parte trasera de la cámara: para navegar por el software de la cámara y activar o desactivar funcionalidades concretas, exactamente igual que hacemos con el ordenador de casa. Esos menús nos permiten elegir las opciones de configuración para el funcionamiento de nuestro ordenador. Así pues, en este punto en realidad no estamos fotografiando, sino "toqueteando" el software para obtener el resultado deseado. Al apretar el disparador, se envía una señal al software de la cámara para permitir la entrada de algo de luz en el sensor, controlado por el ordenador; la cantidad de luz que se envía al sensor viene determinada por un cálculo matemático realizado, como puede imaginarse, por el ordenador de la cámara. Así pues, ¿es de sorprender que de vez en cuando cometamos algún que otro error y no obtengamos la fotografía deseada? En absoluto. Técnicamente, cuando la fotografía no ofrece el resultado deseado, la culpa no es nuestra: es el maldito ordenador. Bien, pues de eso trata este capítulo: del sentimiento de culpa. Aprenderá rápidamente a echarle la culpa de la mala calidad de imagen al software de su cámara; y lo hará de forma tan lógica y convincente, que jamás se le podrá responsabilizar de que sus fotos no tengan, literalmente, la calidad de un Ansel Adams. ¿Subexpuesta? "El software". ¿Desenfocada? "¡Otra vez el enfoque automático!". ¿Que su pie ha salido en el encuadre? "¡Ya se me ha disparado la cámara sola otra vez!" ¿Lo ve? Es mucho más fácil de lo que parece. Una más: "¡Qué colores más raros!". Su respuesta: "Vaya por Dios, la pantalla LCD no está bien calibrada" (¡eh, ésa es muy buena!).

¿Podemos fiarnos del monitor LCD de la cámara?

En Internet habrá leído diversos comentarios según los cuales en realidad no podemos fiarnos de lo que vemos en la pantalla LCD de nuestras cámaras.

En algunos casos, esa información está pasada de moda; en otros, dependerá de los ajustes de configuración de cada cámara (que veremos en unos instantes) y en otros tendrá algo de verdad. Al disparar en JPEG con un modelo de cámara réflex digital reciente (por regla general, cuanto más cara es la cámara, mejor es la calidad del monitor LCD), lo que verá en el monitor es una vista previa de la foto en JPEG, bastante parecida a lo que verá cuando abra la foto en su ordenador o la revele. Pero si dispara en RAW, no verá una vista previa en RAW, sino una vista previa del JPEG. Por lo general, una imagen en JPEG tiene mejor aspecto que una fotografía en RAW. La razón es que las imágenes en JPEG ya han sido "procesadas" en la propia cámara: se les ha aplicado algo de enfoque, corrección de color, contraste...

Básicamente, nuestra cámara intenta ofrecernos el mejor JPEG posible. Sin embargo, al disparar en RAW en realidad le estamos diciendo a la cámara: "Olvídate de todos esos ajustes que hacen que la foto quede bonita; dame simplemente el archivo sin retocar, que yo me encargo de la nitidez, la corrección del color y el contraste en Photoshop o Lightroom". No obstante, seguirá viendo el JPEG en su cámara: no se sorprenda cuando abra el archivo RAW en su ordenador y no tenga un aspecto tan estupendo como el archivo JPEG de su cámara. Con esto no quiero decir que no dispare en RAW; simplemente, le informo de qué forma lo que verá en la parte trasera de su LCD se relaciona con lo que verá en su ordenador. ¡Avisado queda!

Configuración de la cámara con los ajustes de fábrica

Si ha toqueteado los menús de su cámara y cree que ha podido estropear algo, quizás prefiera volver a los ajustes de configuración iniciales que su cámara traía cuando la adquirió. Afortunadamente, la mayoría de las cámaras ofrecen la opción de volver a los ajustes de fábrica para todos los ajustes personalizados.

Suelo recurrir a esta opción siempre que creo que he fastidiado algo: volver a los ajustes de fábrica suele sacarme del apuro. La única desventaja es que al volver a los ajustes de fábrica, cualquier ajuste que hayamos modificado en la cámara se borran, de manera que tendrá que volver a personalizar aquellos ajustes que hubiera

configurado con anterioridad. Por esta razón, le resultará de ayuda escribir en algún lugar los cambios realizados para no olvidarlos. En cualquier caso, siga estos pasos: en Canon, pulse el botón **Menú** y en el menú de configuración 3, elija la opción correspondiente a la restauración de los ajustes de fábrica. Pulse **OK**. En Nikon, mantenga apretado el botón **Qual** (Calidad) y el botón **+/-** de compensación de la exposición durante un par de segundos; también puede pulsar el botón **Menú**, y en el menú **Disparo** elegir la opción de **Restaurar menú**. A continuación, en el menú de ajustes personalizados, elija la opción de restauración de ajustes de cámara. No importa qué método utilice: todos ellos restablecerán los ajustes de fábrica de la cámara.

JPEG instantáneo a partir de un archivo RAW

La mayoría de las cámaras réflex digitales de la actualidad permiten disparar en modo RAW, JPEG o en modo combinado RAW+JPEG, que permite grabar dos archivos diferentes en la tarjeta de memoria: un archivo RAW sin procesar y un archivo JPEG procesado. Se trata de una gran ventaja para cualquier fotógrafo que necesite enviar rápidamente un JPEG a un cliente (por ejemplo, los fotógrafos deportivos, que necesitan enviar por correo electrónico al periódico o a una agencia mientras el partido se desarrolla). Los archivos RAW son mucho más voluminosos y no resultan especialmente prácticos a la hora de enviarlos por correo electrónico. Además, hay clientes que no disponen del software adecuado para leer archivos RAW, que además son archivos sin procesar y sin corregir, razón por la cual la posibilidad de contar con un archivo JPEG ya procesado y comprimido tiene sentido para algunos fotógrafos.

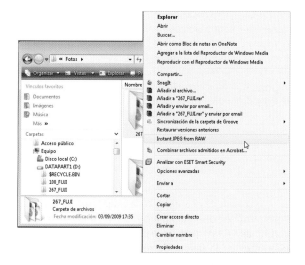

La desventaja es que esta opción ocupa mucho más espacio en la tarjeta de memoria, y ahora disponemos de dos versiones de cada foto. Si es usted uno de esos fotógrafos acostumbrados a disparar en RAW+JPEG, tengo un truco para usted. Michael Tapes, de RawWorkflow.

com (el creador de la popular herramienta de balance de blancos WhiBal) ha creado una utilidad de software gratuita que permite extraer la vista previa incrustada en todos los archivos RAW con extraordinaria rapidez. Todo lo que tiene que hacer es descargar la utilidad desde www.rawworkflow.com y ejecutar el instalador. A continuación, haga clic en cualquier carpeta que contenga fotografías en RAW, haga clic con el botón derecho (Windows) o **Control-clic** (Mac) y elija **Instant JPEG from RAW** (JPEG instantáneo desde RAW) en el menú que aparecerá. Podrá elegir el tamaño del JPEG (en caso de que necesite un tamaño menor para subir la fotografía a la Web). A continuación, haga clic en **Extract** (Extraer) y en apenas unos segundos se exportarán todos los JPEG en una carpeta independiente. Es un programa que utilizo a menudo y... ¡me encanta!

¿Cuándo disparar en JPEG y cuándo en RAW?

Suelen preguntarme cuándo es conveniente disparar en JPEG y cuándo es mejor hacerlo en RAW. Es una pregunta peliaguda, ya que hay fotógrafos que son tan fanáticos del RAW que, para ellos, no existe ninguna razón por la que deberían disparar en otro modo que no fuera ése. Incluso si se disponen a fotografiar un coche estropeado y solamente necesita una foto a tamaño pequeño, y la única persona que necesita ver la foto es un perito de la compañía de seguros encargado de procesar su solicitud, seguirían disparando en RAW. Para esos fotógrafos (y así me ahorro esos montones y montones de cartas de fotógrafos enfadados, que no son todos pero no son pocos), declaro firme y categóricamente que debería tomar todas sus fotografías, independientemente del uso que haga de ellas, en formato RAW.

¡Dicho queda! Por escrito. Ahora bien, dicho esto sé que hay fotógrafos que no post-procesan sus imágenes (es decir, ni siquiera abren sus fotografías en Photoshop, Elements, Lightroom, Capture o cualquier otro programa de retoque): simplemente, toman la fotografía y, o bien las cuelgan en Internet, o las guardan en un disco, o las revelan tal cual. Si es usted uno de esos fotógrafos que se siente satisfecho con el aspecto de sus fotografías tal cual salen de la cámara, apenas edita sus fotos y prefiere tener miles de fotos en una tarjeta de memoria de 4GB (en lugar de apenas unos cientos), y no quiere

llenar el disco duro de su portátil, en ese caso puede disparar en JPEG con un ajuste de calidad alta. Pero no se lo diga a nadie. Otros dos grupos de fotógrafos que suelen disparar en JPEG son los fotógrafos profesionales de deportes (que toman miles de imágenes en el transcurso de una semana) y muchos profesionales de bodas. Pero... ¡recuerde que no le estoy diciendo que esto esté bien! (guiño).

Limpieza del sensor incorporada

El sensor de las cámaras digitales atrae muchísimo polvo (tanto como el que acumula esa cámara analógica que tiene guardada en el armario). Los sensores actuales están cargados magnéticamente: cada vez que cambiamos de objetivo, estamos enroscando una pieza de metal en la montura, por lo que no resulta sorprendente que aparezcan diminutas virutas metálicas que termina en nuestro sensor. Sin darnos cuenta, el sensor se llena de pequeños puntos y manchas en todas las fotos que tomamos. Por esta razón, debemos hacer todo lo posible por mantener nuestros sensores limpios; por ello, cada vez son más los modelos de cámaras digitales recientes que incluyen un sistema de limpieza del sensor de serie. Básicamente, este sistema desmagnetiza el sensor durante unos instantes para poder limpiar el polvo, y suele funcionar; no funciona a las mil maravillas, pero funciona (si bien no evita que en ocasiones tengamos que recurrir a una limpieza profesional del sensor).

Un atajo para formatear la tarjeta de memoria

Muchas cámaras réflex digitales cuentan con un atajo que permite formatear rápidamente la tarjeta de memoria sin necesidad de "bucear" en los menús de la parte trasera de la cámara. En Nikon, este atajo se señala en rojo junto a los dos botones que es necesario mantener pulsados para formatear la tarjeta. Mantenga pulsados los botones de borrado (marcado con una papelera) y el botón **Mode** durante dos o tres segundos hasta que vea parpadear la palabra "For" en la pantalla LCD de la parte superior de la cámara. Cuando empiece a parpadear, suelte los botones y púlselos una sola vez: la tarjeta se formateará.

En cualquier caso, si su cámara incluye uno de estos sistemas de limpieza... ¡úselo! Por ejemplo, en un modelo de cámara como la 50D de Canon, deberá colocar el botón de encendido en la opción **On** del extremo; se activará la funcionalidad de limpieza automática del sensor y se limpiará el polvo.

Al apagar la cámara, el sensor vuelve a limpiarse. Una vez en la posición **On**, puede elegir el menú de configuración 1 y en la opción **Limpieza del Sensor**, elija **Limpiar ahora**. En una cámara como la Nikon D300, apriete el botón de **Menú**, vaya al menú de configuración y elija la opción de limpieza del sensor. En el menú, elija **Limpiar ahora**. El sensor se limpiará. Automáticamente. Si desea limpiar el sensor de forma automática cada vez que encienda o apague la cámara, active la opción **Limpiar al iniciar/apagar**.

En Canon no hay ningún atajo, pero en el menú de configuración 1 puede seleccionar la opción **Formatear**. A continuación, pulse el botón **Set**. Seleccione **OK** y la tarjeta se formateará.

NOTA

No salga con una única tarjeta de memoria

Si utiliza una sola tarjeta de memoria, lo lamentará. En algún momento la tarjeta se llenará, o tendrá que formatearla sin haber podido crear dos copias de seguridad de las fotos, o bien tendrá que poner fin a la sesión; razón por la cual es recomendable contar con una segunda o incluso tercera tarjeta de memoria para cada sesión. Actualmente puede adquirir una tarjeta de 4GB por tan sólo 15 euros.

Utilice el firmware más reciente

Una de las grandes ventajas de las cámaras digitales de la actualidad es que los fabricantes tienen la posibilidad de publicar actualizaciones del software de la cámara, que pueden ir desde la solución de determinados problemas a la adición de nuevas funcionalidades. Hablamos de las llamadas actualizaciones del *firmware* de la cámara, que podrá descargar directamente desde el sitio Web del

fabricante. Una vez haya descargado la actualización, conecte la cámara al ordenador con el cable USB que incluye la cámara; ejecute el software de actualización del firmware (que por lo general incluye un *set* de instrucciones precisas) y la cámara se actualizará.

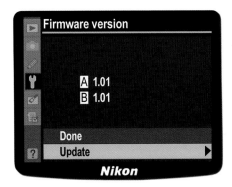

Tenga en cuenta que no sólo se actualizan las cámaras: también las unidades de flash se actualizan. La buena noticia es que las actualizaciones no son algo frecuente (suelen ocurrir entre dos y tres veces a lo largo del ciclo de vida de la cámara). No es algo que tenga que comprobar todas las semanas, pero es recomendable hacer una búsqueda ocasional en Google con el nombre de su cámara y la expresión "Actualización de firmware" (por ejemplo "Canon 50D" + "Actualización de firmware", o "Nikon D700" + "Actualización de firmware"). Encontrará algún enlace que le dirija a la actualización del fabricante. Compruebe que la versión disponible en línea es más reciente que la versión instalada en su cámara. En Nikon o Canon puede consultar la versión del *firmware* dentro del menú de configuración (versión de firmware, por ejemplo: 1.01). Si se han publicado varias actualizaciones, descargue e instale el *firmware* más reciente.

No dispare sin tarjeta

Cuando los fabricantes envían las cámaras a las tiendas, preparan la cámara de tal modo que el vendedor pueda abrir la caja y permitir al usuario realizar un par de disparos para comprobar cómo se siente la cámara en las manos (después de todo, la sensación que tengamos con la cámara en la mano es muy importante).

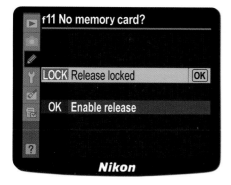

Los ajustes de configuración de fábrica permiten tomar imágenes sin que sea necesario insertar una tarjeta de memoria en la cámara: el obturador funciona con normalidad, y la imagen aparece en la pantalla LCD de la parte trasera de la cámara... salvo que pocos minutos después, las imágenes desaparecen como por arte de magia, porque no se han guardado en la tarjeta de memoria. Es algo que aprenderá a base de disgustos. O al menos ése fue mi caso en cierta ocasión en la que me encontraba realizando una sesión en estudio; llevaría unos 35 minutos fotografiando cuando abrí el compartimento trasero de mi cámara para crear una copia de seguridad de las fotos y descubrí horrorizado de que no había insertado la tarjeta de memoria, a pesar de que había podido visualizar las fotos en la pantalla LCD. Las imágenes habían desaparecido, así que lo primero que hago cada vez que adquiero una cámara nueva es activar el bloqueo para la tarjeta de memoria, que me impide tomar fotos si no se ha insertado una tarjeta. En Canon, vaya al menú **Disparo** y desactive la opción de disparo sin tarjeta. En Nikon, dentro del menú de ajustes personalizados, elija la opción para activar el bloqueo: la cámara no tomará ninguna fotografía a menos que hayamos insertado una tarjeta de memoria.

Registre la propiedad de sus fotos

Ahora que tantas personas cuelgan sus fotografías en la Web, debe proteger la autoría de sus fotos. Para ello, regístrelas. El *copyright* define legalmente quién es el propietario de la fotografía; si bien existe, al menos técnicamente, una protección algo limitada sobre la fotografía por el simple hecho de haber tomado la foto, si alguien toma la fotografía de la Web y la utiliza en un folleto, sitio Web o anuncio, sus posibilidades de ganar un juicio contra el ladrón en caso de no haber registrado su foto en el Registro de la Propiedad Intelectual son prácticamente nulas.

Dado que es un proceso rápido, sencillo y barato, no hay razón por la que no debamos incluir este paso en nuestro flujo de trabajo fotográfico. Para registrar sus fotografías, puede consultar las condiciones en la página del Registro de la Propiedad Intelectual (`www.mcu.es/propiedadInt/CE/RegistroPropiedad/RegistroPropiedad.html`).

Cree dos copias de seguridad antes de formatear

Muchos fotógrafos, o al menos los fotógrafos paranoicos como yo, siguen una regla fundamental: no borre las tarjetas de memoria hasta estar completamente seguro de que dispone de dos copias de sus fotografías en distintos medios. Por ejemplo, si ha descargado las fotos en su ordenador, estaríamos hablando de una copia. No borre las tarjetas si únicamente dispone de una copia, porque cuando su disco duro se estropee (observe que he dicho "cuando"), las fotos desaparecerán para siempre. Una vez haya copiado las fotos por segunda vez en una segunda unidad o disco duro de reserva, tendrá dos copias: una en el ordenador de trabajo, otra en el disco duro. Ahora, puede formatear (borrar) su tarjeta de memoria y seguir utilizándola. Si no crea dos copias de seguridad de sus fotos es cuestión de tiempo que sus fotos desaparezcan para siempre (podría contarle verdaderas tragedias de personas que me han escrito contándome que han perdido todas las fotografías de sus hijos de los últimos 10 años porque sólo tenían una copia en su ordenador).

posibles vibraciones, deslice el dedo por el disparador suavemente de atrás hacia adelante. Obtendrá fotos más nítidas.

Mi estrategia personal para la creación de copias de seguridad

En mi *blog* he incluido un artículo detallado (en inglés) en el que describo mi estrategia para la creación de copias de seguridad y el archivo de mis fotografías (www.scottkelby.com/blog/2008/archivos/1410). Si le preocupa la posibilidad de perder todas sus fotos (y créame, es algo que debería preocuparle), échele un vistazo.

¿Cómo apretar el disparador?

¿Quiere conocer otro truco para obtener imágenes más nítidas? Apriete el disparador con suavidad, en lugar de limitarse a apretarlo normalmente. Para minimizar las

¿Fotos más nítidas? ¡Pegue los codos al cuerpo!

Otra técnica a la hora de obtener fotografías más nítidas cuando no utilizamos trípode consiste en sostener firmemente la cámara con los codos pegados al cuerpo. Esta postura le ayudará a "anclar" la cámara al cuerpo, dotándola de una mayor estabilidad. Obtendrá fotos más nítidas. Es más fácil de lo que cree: cuando vea los resultados, no se arrepentirá.

No se deje engañar por la pantalla LCD

Si alguna vez ha tomado una fotografía que parecía estupenda en la cámara para después abrirla en su ordenador y encontrarse con que su fotografía está terriblemente borrosa, no se sienta mal por ello: todo parece nítido en una pantalla LCD de 2,5 o 3 pulgadas. Nos ha pasado a todos. Por esta razón, es muy importante comprobar la nitidez de la toma en el momento en que tomemos la foto, mientras aún tenemos la oportunidad de repetirla. Cuando vea una imagen que tiene un buen aspecto en la pantalla LCD, tómese unos segundos para hacer zoom sobre la imagen y comprobar la nitidez. Pulse los botones **Zoom In** (en Nikon) o **Magnify** (en Canon) situados en la parte trasera de la cámara. Desplácese por la imagen con el multiselector (en Nikon) o el multicontrolador (en

Canon) de la parte trasera de la cámara. Cuando haya terminado de inspeccionar la imagen, vuelva a pulsar el botón de zoom para regresar al menú. Evitará sorpresas desagradables si comprueba la nitidez en la propia cámara antes de que sea demasiado tarde.

Scott Kelby

Cómo evitar la duda de la tarjeta de memoria

Si utiliza más de una tarjeta de memoria (como le he aconsejado que haga unas páginas más atrás) habrá experimentado en alguna ocasión ese momento de duda en el que, al insertar la segunda tarjeta en la cámara, se habrá preguntado si la tarjeta está llena o vacía. "¿Habré descargado estas fotos? ¿Puedo borrarlas?"

Me ha ocurrido en más de una ocasión, pero puede poner en práctica este truco para evitar esta duda.

Una vez haya descargado las imágenes en su ordenador y haya creado una copia de seguridad en una segunda unidad (el uso de CD y DVD presenta demasiados riesgos), formatee la tarjeta de memoria.

Así, cuando vea una tarjeta de memoria en su funda de plástico, sabrá que está formateada y lista para ser utilizada, y que ya existen dos copias de seguridad de las imágenes que hubiera podido contener.

Múltiples tomas en condiciones de poca luz

Si se ve obligado a disparar con poca luz y sin trípode (es decir, si tiene que disparar con una velocidad de obturación inferior a 1/60, situación en la que es probable que la fotografía salga movida si dispara cámara en mano), y si no quiere elevar el ISO de la fotografía para evitar la aparición de ruido, puede poner en práctica el siguiente truco para obtener una foto nítida: dispare varias fotografías en modo de ráfaga o disparo continuo.

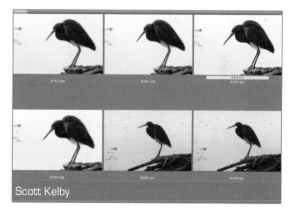

Scott Kelby

Es probable que, si toma tres o cuatro fotografías en ráfaga, al menos una de ellas esté correctamente enfocada. He puesto en práctica este truco varias veces y los resultados no dejan de sorprenderme: verá varias fotos borrosas y de repente aparecerá una foto perfectamente nítida (como aquí se muestra en la imagen marcada en amarillo con cinco estrellas), seguida de más fotos borrosas. La próxima vez que se encuentre en una situación similar, dispare y cruce los dedos para que al menos una de esas fotos le salga bien.

El mito de las tarjetas de memorias de alta velocidad

¿Hay mucha diferencia al utilizar tarjetas de memoria Compact Flash o SD de alta velocidad? Sinceramente, en la mayoría de los casos... la respuesta es "no".

Estas tarjetas de alta velocidad están pensadas para fotógrafos deportivos profesionales equipados con cámaras digitales de alta gama que necesitan disparar cientos de imágenes en ráfaga. Estas tarjetas son útiles para estos fotógrafos porque el fotógrafo necesita que las imágenes almacenadas temporalmente en el búfer de memoria de la cámara se escriban en la tarjeta de memoria tan rápidamente como sea posible, con el fin de liberar el búfer para la siguiente ráfaga de disparos. Si usted no dispara en ráfaga, ¡buenas noticias! No necesita una de estas tarjetas, algo más caras. Son buenas noticias porque las tarjetas normales son mucho más económicas. Actualmente, es posible adquirir una tarjeta de 8 GB de Lexar por unos 12 euros. Una tarjeta de alta velocidad equivalente, también de 8 GB, cuesta 5 veces más. ¿Por qué pagar la diferencia si no vamos a notarla?

Un truco antes de cerrar la mochila

Mi amiga Janine Smith me enseñó este truco el año pasado. Desde entonces, no he dejado de ponerlo en práctica y debo decir que me ha ahorrado algún que otro disgusto. Cuando esté preparando su cámara para una sesión fotográfica, tome una fotografía cualquiera con la cámara. Sabrá al instante si ha insertado la tarjeta de memoria, si la batería está cargada y si la cámara funciona correctamente. No es en absoluto aconsejable enterarse de que hay algún problema con el equipo cuando se encuentre en mitad de la sesión o de vacaciones: es mucho mejor saberlo mientras aún tenemos tiempo de coger una tarjeta de memoria, cargar la batería o arreglar cualquier problema potencial que pudiera surgir.

Razones para descargar el manual de usuario

Uno de los principales problemas con los manuales de usuario es la dificultad a la hora de encontrar rápidamente aquello que estamos buscando. Por esta razón, siempre me descargo la versión electrónica del manual del usuario del sitio Web del fabricante, ya que la versión en PDF del manual tiene una funcionalidad de búsqueda que le permitirá resolver sus dudas en cinco segundos

en lugar de en cinco minutos (y eso, con suerte). Una vez haya utilizado la versión gratuita PDF del manual, no recurrirá al manual impreso más que en situaciones de emergencia.

Por cierto: personalmente, he descargado los manuales de todo mi equipo (flashes, cámaras, disparadores inalámbricos, etcétera). Son tan pequeños y tan útiles, que no hay razón alguna para no hacerlo.

NOTA

Para obtener dichos manuales, vaya a la sección de descargas de la Web www.canon.es o de www.europe-nikon.com, dependiendo de si es usuario de Canon o de Nikon.

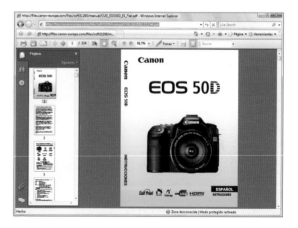

Un truco de Photoshop para identificar las manchas de polvo

Si quiere llevar a cabo una prueba rápida para comprobar si su sensor está sucio, pruebe este truco: apunte la cámara a una pared gris o a un cielo grisáceo y tome una fotografía. Importe la foto, ábrala en su Photoshop y pulse **Control-I** (Windows) o **Comando-I** (Mac).

Scott Kelby

La foto se invertirá y se mostrará cualquier mota o mancha de polvo que ensucie el sensor; sabrá entonces que necesita limpiar el sensor de la cámara. Por cierto: si bien es posible adquirir kits de limpieza del sensor y la limpieza es una tarea muy sencilla, algunos usuarios no se sienten del todo cómodo "hurgando" en el inte-rior de la cámara. En ese caso, puede enviar la cámara al servicio técnico o a una tienda especializada; ellos se encargarán de la limpieza. Le cobrarán, pero es mejor que tener fotografías llenas de manchas. Limpie el sensor antes de irse de viaje.

Fotografiar con mal tiempo

Algunas veces, las mejores fotografías son las que realizamos en circunstancias climatológicas adversas; pero si va a fotografiar con mal tiempo, tendrá que adoptar algunas precauciones para proteger su equipo. Algunas cámaras, como por ejemplo los modelos D300, D700 y D3 de Nikon, tienen cuerpos sellados que le ayudarán a evitar la entrada de humedad.

No obstante, es recomendable adquirir un cobertor impermeable para su equipo que le permita sostener la cámara y manejar el zoom del objetivo, al tiempo que mantiene el interior de la cámara protegido y seco. Personalmente, utilizo el kit KT E-702 Elements Cover de Kata (`www.kata-bags.com`), que incluye un compartimento especial en un lateral para poder introducir la mano y operar la cámara y el objetivo. No suelo utilizarlo muy a menudo, pero cuando lo hago, es estupendo no tener que preocuparme de si estaré estropeando mi equipo o no. Si la lluvia le sorprende, puede utilizar el gorro de la ducha de su hotel para cubrir la parte trasera del cuerpo de su cámara (de manera que sólo sobresalga el objetivo).

NOTA

¿Y qué hago si no tengo ningún protector?

Si le sorprende la lluvia y no tiene ningún protector a mano, intente secar el exterior de su equipo con una gamuza o una toallita seca si no dispone de una gamuza, dando unos golpecitos. No restriegue la gamuza por la cámara o el objetivo, ya que corre el riesgo de que el agua entre donde no debería: simplemente, límpielo con unos ligeros golpes. Algunos fotógrafos utilizan un secador de pelo en estos casos, pero afortunadamente nunca me he visto en la tesitura de tener que probar esta técnica. Apague la cámara hasta que el interior haya tenido tiempo suficiente para secarse.

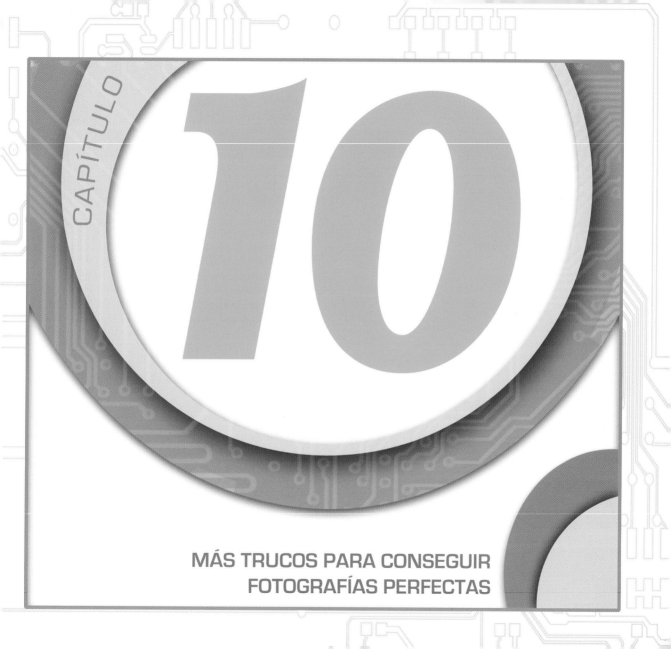

MÁS TRUCOS PARA CONSEGUIR
FOTOGRAFÍAS PERFECTAS

Velocidad de obturación: 1/8sec
Abertura: f/11
ISO: 100
Distancia focal: 70mm
Fotógrafo: Scott Kelby

Ingredientes sencillos
para un resultado ideal

¿Alguna vez ha visto una fotografía que le haya hecho exclamar: "Me pregunto cómo conseguir una foto así"? Puede haber sido una fotografía en estudio, o una fotografía en exteriores, la que le haya hecho preguntarse dónde estaba colocada la fuente de luz o incluso si había luz en la escena. Quizás haya sido capaz de descubrir que en la fotografía se utilizó algún flash, pero desconoce qué tipo de ventana de luz se utilizó, o si hay más de una fuente de luz. ¿Le ha pasado alguna vez? ¿No? ¿En serio? ¡Vaya por Dios! Me ve a costar "venderle" este capítulo, puesto que como sus dos capítulos hermanos en los volúmenes 1 y 2, éste es uno de esos capítulos que... vaya, cómo decirlo: si no le van mucho estas cosas, tendré que inventarme algo para que le parezca interesante. Veamos... ¡ah, ya sé! Convertiré el capítulo en una especie de "búsqueda fotográfica del tesoro". Sí, eso es: le iré dando una serie de objetos y usted tendrá que analizar las imágenes de este capítulo (con cuidado para no leer ninguna de las detalladas instrucciones que explican cómo puede conseguir este tipo de imágenes). Usted tiene que encontrarlos. Cuando los encuentre, visite la página Web www.meestastomandoelpelo.com, donde encontrará un enlace (que no funcionará) donde podrá rellenar en qué página ha encontrado el objeto en cuestión. Aproximadamente un mes más tarde, pongamos que se me olvida visitar la página para elegir un ganador (extraído de entre todas las respuestas no recibidas), y que esa afortunada persona (probablemente, usted) ganará uno de mis libros (probablemente, éste). Le enviaremos el libro a su casa (probablemente, el año que viene), pero para entonces a lo mejor ya se ha mudado de casa (a lo mejor es usted un fugitivo de la justicia), y el dueño de la casa (probablemente, su ex) rechazará el envío. Me devolverán el libro, y yo se lo enviaré al siguiente en la lista (que probablemente será el funcionario encargado de vigilar su condicional). O bien puede usted leer el capítulo y ver de qué va. Usted decide.

La receta

Características de esta fotografía: vemos aquí una fotografía que puede clasificarse como fotografía de paisaje y fotografía de viajes. Observamos una cantidad de detalle en toda la imagen, con un punto de atención claro en el hotel; no cabe duda de cuál es el tema central (se trata del hotel Burj al-Arab en Dubai, Emiratos Árabes Unidos).

● Utilice un objetivo gran angular para captar una sección amplia del paisaje. En este caso, utilicé un objetivo gran angular 14-24mm a una distancia focal de 14mm en una cámara *full-frame*, lo que dota a la fotografía de un aspecto más espacioso de lo habitual.

● Para captar todos los detalles de la toma, utilice el modo de disparo de prioridad a la abertura (Av) y seleccione el número f más alto que le resulte posible

(en este caso f/22, lo que me permitió mantener toda la escena enfocada).

● Tomé esta fotografía al atardecer con poca luz; es absolutamente imprescindible utilizar un trípode para obtener una imagen perfectamente nítida y enfocada. Además, contará con una luz magnífica (aunque el sol esté atrapado entre las nubes, éstas retienen gran parte del color de la escena).

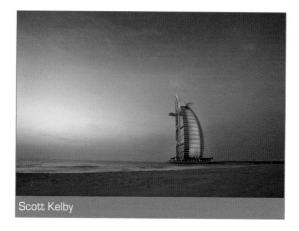

Scott Kelby

● Para eliminar la posibilidad de cualquier tipo de vibración de la escena, utilice un cable disparador o, como mínimo, el disparo retardado de la cámara para no tener que tocar la cámara cuando se tome la fotografía.

La receta

Características de esta fotografía: en este caso nos hemos acercado mucho a la acción. La rotación de las ruedas da sensación de movimiento, sin llegar a perder la nitidez del resto de la imagen.

‣ Para acercarnos tanto a la imagen, necesitaremos un teleobjetivo (en este caso utilicé un 200 mm con un teleconvertidor 1.4x para acercarme aún más a la acción).

Scott Kelby

‣ La clave para obtener este tipo de imagen consiste en encontrar la velocidad de obturación necesaria para congelar la acción y permitir que el motorista

y la moto aparezcan nítidos, al tiempo que se consigue algo de movimiento en las ruedas para que no parezca que la motocicleta está parada. En la mayoría de los deportes, podemos congelar la imagen utilizando una velocidad de obturación de 1/1.000 sec; para percibir algo de movimiento en las ruedas, sabemos que la velocidad utilizada tendrá que ser inferior. En este caso, utilicé una velocidad de obturación de 1/400 sec.

‣ Si va a utilizar una velocidad de obturación lenta (en este caso, 1/400 sec es una velocidad lenta para fotografía deportiva), tendrá que realizar seguir al motorista con la cámara para que aparezca nítido. Dado que no vamos a utilizar trípode, asegúrese de mantener la cámara firme a la hora de hacer el barrido (si utiliza teleobjetivo, puede utilizar un monopie).

‣ En un barrido de estas características, utilice la modalidad de disparo continuo (ráfaga) para aumentar las probabilidades de obtener una buena fotografía.

La receta

Características de esta fotografía: estamos ante una fotografía de moda y belleza con una iluminación plena que envuelve a nuestra modelo y nos proporciona una luz brillante, prácticamente sin sombras.

‣ Dos son las claves para obtener una fotografía como ésta: la primera pasa por pedir a la modelo que se eche el pelo hacia atrás cogido en una coleta y oculte su cabellera todo lo que pueda, para que el rostro quede más abierto. En segundo lugar, la iluminación debe "bañar" en luz a la modelo para obtener este aspecto tan limpio y nítido.

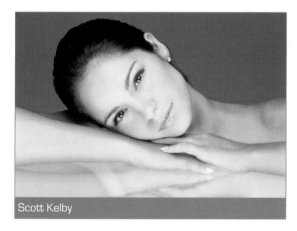

Scott Kelby

◗ En este caso, hemos utilizado únicamente dos fuentes de luz: la luz principal es un *beauty dish* directamente situado delante de la modelo, aproximadamente a unos 70 centímetros por encima del rostro y apuntando hacia abajo formando un ángulo de 45 grados. La segunda fuente de luz está colocada debajo del metacrilato, apuntando a la modelo creando un ángulo de 45 grados (este tipo de iluminación suele recibir el nombre de "ilu-

minación *clamshell*" o de concha, porque parece como si estuviéramos fotografiando el interior de una concha abierta). Coloque la cámara a la altura de los ojos de la modelo.

◗ Para mantener toda la escena enfocada necesitará utilizar una abertura que le permita conservar todos los detalles (f/11) y un teleobjetivo para obtener una perspectiva agradable (por ejemplo, un 200 mm).

◗ La modelo se apoya sobre una superficie de metacrilato como la que vimos en el capítulo 2, sostenida por dos ayudantes en el estudio. El fondo es un papel continuo gris.

La receta

Características de esta fotografía: estamos ante una fotografía que nos permite acercarnos a la acción y ver detalles que normalmente no vemos. La toma está llena de energía y tiene un color muy vívido.

◗ La clave en este caso radica en utiliza un teleobjetivo de gran focal (en este caso, 400 mm) que nos permita acercarnos a la acción.

◗ Dado que estamos fotografiando bajo la luz del sol a mediodía, conseguir una velocidad de obturación superior a 1/1.000 sec no supone un problema (de hecho, en este caso utilicé una velocidad de 1/4.000 sec, que congela cualquier tipo de movimiento).

Scott Kelby

La receta

Características de esta fotografía: una iluminación dramática que no ilumina por igual a la modelo. El hecho de que la modelo tenga melena negra sobre un fondo negro añade dramatismo a la imagen.

▶ Para obtener una imagen como ésta, sólo necesitará dos fuentes de luz: la luz principal es una gran ventana de luz colocada a la izquierda (desde nuestro punto de vista) y ligeramente delante de la modelo, pero muy cerca de ésta para crear una luz muy suave. La clave es posicionar la ventana prácticamente a un lado de la modelo, para no iluminar por completo su rostro: queremos que las sombras del lado derecho del rostro contribuyan al carácter dramático de la imagen. Reduzca la potencia de la luz principal al mínimo, dado que estará muy cerca de la modelo.

▶ La segunda fuente de luz se colocará sobre una ventana de luz rectangular colocada detrás de la modelo y a la derecha (desde nuestro punto de vista) para iluminar el pelo y los hombros (en este caso está colocada creando un ángulo de 45 grados a aproximadamente 2,5 metros detrás de la modelo, a la derecha). En este caso la luz no se expande porque una rejilla de tela cubre la fuente de luz (consulte el volumen 2).

▶ Esta fotografía ha sido tomada con la modelo situada delante de un fondo de papel continuo

▶ Dado que el coche venía en dirección prácticamente frontal, apenas podemos ver las ruedas como ocurre con un punto de vista lateral o tres cuartos; por lo tanto, no debemos preocuparnos por utilizar una velocidad de obturación más baja que hagan que las ruedas den sensación de movimiento. Por esta razón, podemos utilizar una velocidad de obturación mucho más alta y crear una imagen extremadamente nítida.

▶ Una técnica que permite añadir energía a este tipo de imágenes consiste en inclinar la cámara a un lado creando un ángulo de 45 grados; es un ángulo muy popular en las fotografías de deportes a motor.

▶ Es recomendable utilizar un trípode para estabilizar objetivos de 300mm o longitudes superiores.

negro. No es necesario utilizar ningún tipo de reflector ni tampoco un trípode, ya que el flash congelará cualquier posible movimiento que realice la modelo. Se utilizó una abertura de f/8 para mantener toda la escena enfocada.

- Para conseguir algo de movimiento en el pelo, utilice un ventilador (sirve cualquiera).

Scott Kelby

La receta

Características de esta fotografía: la toma cuenta con muchos detalles tanto en las zonas de las altas luces como en las sombras. Observe el aspecto surrealista que presenta el cielo.

- La clave en este tipo de fotografías radica en utilizar la función de horquillado de la cámara para posteriormente combinar varias tomas en Photoshop y/o Photomatix Pro para crear una imagen de alto rango dinámico, o HDR.

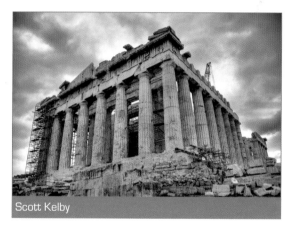

Scott Kelby

- Esta imagen se tomó en mitad del día a plena luz; no estaba tan nublado como parece en la foto (las nubes quedan resaltadas por efecto del HDR). Había luz suficiente para utilizar una abertura de f/11 o similar, lo que me permitió enfocar toda la imagen. Elija el número de fotografías que quiere tomar (3 o 5) en las opciones de horquillado de su cámara.

- Para que toda la escena entre en el encuadre disponible, tendrá que utilizar un objetivo gran angular (en este caso utilicé un objetivo 18-200 mm a una distancia de 18 mm).

▶ Si bien no utilicé trípode en este caso concreto, puesto que no lo llevaba conmigo, es recomendable utilizar un trípode a la hora de obtener imágenes de alto rango dinámico (si bien, obviamente, es posible apañárselas cámara en mano si trabaja con Photoshop CS3 o CS4 y posteriormente utiliza la funcionalidad **Alinear capas automáticamente** para alinear las imágenes con posterioridad, antes de generar la imagen HDR).

La receta

Características de esta fotografía: vemos un retrato en exteriores tomado al mediodía con una iluminación suave y direccional (es decir, exactamente lo contrario de lo que obtendríamos con la luz del mediodía).

▶ El primer paso consiste en pedir a la modelo que se sitúe en una zona en sombra. La modelo está debajo de un árbol, pero las ramas del árbol dejan pasar una gran cantidad de luz. Así pues, le pedí que diera unos pasos atrás para evitar que la luz incidiera sobre el rostro, hasta quedar completamente en sombra.

▶ Para iluminar esta escena, únicamente necesitará un flash fuera de cámara (en este caso utilicé un flash Nikon SB-800) colocado sobre un soporte de luz en

alto, justo delante de la modelo y hacia la izquierda (desde nuestro punto de vista). Para suavizar la luz, utilicé un Lastolite Ezybox.

▶ Para separar a la modelo del fondo, es necesario desenfocar el fondo; para ello, utilice un valor de abertura bajo. En este caso utilicé f/5.6: cuanto menor sea el número f que utilice, más desenfocado quedará el fondo.

Scott Kelby

▶ Finalmente, reduzca la potencia del flash al mínimo posible con objeto de que la luz del flash se mezcle de forma natural con la luz ambiente. No es necesario utilizar trípode, puesto que el flash congelará el movimiento.

La receta

Características de esta fotografía: se trata de una fotografía típica de reportaje, dramática y oscura.

- Estamos ante una fotografía tomada con una única fuente de luz: un *beauty dish* colocado directamente encima de la cabeza del modelo, orientada directamente hacia abajo (como una farola).

Scott Kelby

- Dado que la fuente de luz apunta hacia abajo, parte de la luz se extiende sobre el fondo negro de papel continuo, creando un ligero efecto de foco detrás del modelo.

- Dado que el sujeto no es un modelo profesional y que no sabía qué hacer con las manos, y puesto que es un apasionado de Mac, le prestamos un ordenador portátil. He aquí un magnífico truco que puede utilizar cuando el modelo no se sienta cómodo delante de la cámara: deles algún objeto o algo que hacer, y capte el instante mientras interactúan con ese objeto (en este caso, el modelo empezó a bromear mientras abrazaba su portátil).

- Por último, es necesario ir atenuando la luz: el rostro está correctamente iluminado, pero la luz va atenuándose a medida que descendemos. Para ello, colocamos una bandera negra (un panel de terciopelo negro de 60x90 cm, justo debajo de la parte inferior del *beauty dish*. Así, la luz no se derramó excesivamente sobre el pecho del modelo, sino que se concentró fundamentalmente sobre su rostro. En este caso, utilicé un objetivo 70-200 f/2.8 (85 mm) a f/6.3.

La receta

Características de esta fotografía: podemos observar una iluminación suave, similar a la luz diurna, reflejos verticales en botellas y copias y una profundidad de campo muy escasa.

- Ambas fotografías mezclan la luz natural con la iluminación de estudio fluorescente de luz diurna. La luz natural procede de una ventana situada detrás de las botellas, ligeramente a la izquierda (desde nuestro punto de vista).

- La luz principal (es decir, la iluminación que se encuentra delante de las botellas de vino) procede de un Westcott Spiderlite (no un flash de estudio, sino una fuente de luz continua) que utiliza bombillas fluorescentes con una ventana de luz de 60x90 cm para suavizar la luz. La fuente de luz está colocada a la izquierda de la botella de vino, muy cerca de la misma (justo al borde del encuadre). Para obtener esos reflejos en vertical, rote la ventana de luz en posición vertical.

Scott Kelby

- Ambas fuentes de luz (la ventana y la luz continua del Spiderlite) están ubicadas en la parte izquierda del encuadre. Así pues, para rebotar algo de luz hacia las zonas oscuras situadas a la derecha de las botellas, utilicé un reflector de corcho blanco (puede comprarlo en cualquier librería). El reflector está en posición vertical a la derecha de las botellas, justo al límite del encuadre.

- Al tratarse de una fotografía comercial, utilicé trípode (especialmente con tan poca luz como en este caso).

La receta

Características de esta fotografía: he aquí el aspecto luminoso, plano y sin sombras que tanta popularidad ha alcanzado en la fotografía con flash actual. No obstante, gracias al uso de un flash anular, puede observarse una especie de aureola en sombra que rodea a la modelo (todo ello forma parte de este aspecto).

- En este caso contamos con una única fuente de luz: un flash anular AlienBees, que en realidad es un círculo formado por varios flashes muy pequeños. El objetivo atraviesa este círculo, que se monta directamente sobre la cámara. Dispararemos directamente delante de la modelo.

- Normalmente, la modelo se sitúa a unos 3 metros de distancia del fondo blanco de papel continuo, pero para poder obtener esa sombra en forma de aureola, puede situar a la modelo a tan sólo 30 centímetros o medio metro del fondo. Así, podrá ver las sombras que crear el flash de anillo, si bien no son muy grandes.

Scott Kelby

- Dado que estamos tan cerca del fondo, no es necesario iluminarlo con un segundo flash: la luz procedente del flash anular es suficiente para iluminar el mismo tiempo e fondo.

- Los flashes anulares producen una fuente de luz más dura que la de un flash de estudio con una ventana de luz. Para conseguir que las sombras que rodean a la modelo sean suaves, asegúrese de

acercarse a la modelo (con ello aumentaremos el tamaño relativo de nuestra fuente de luz y suavizaremos la luz.

La receta

Características de esta fotografía: iluminación oscura y dramática que capta el perfil y el cromo de la motocicleta.

- Para obtener una fotografía como ésta, solamente necesita una fuente de luz, si bien ha de ser una fuente de luz de gran tamaño (el flash de estudio no tiene por qué ser grande, pero la ventana de luz ha de ser casi tan grande como la moto). Coloque la ventana de luz directamente sobre la moto sobre una jirafa de gran tamaño, apuntando directamente hacia abajo.

- Los pies de la jirafa que sostiene la luz no son visibles porque los he eliminado utilizando la herramienta **Tampón de clonar** de Photoshop (o Photoshop Elements). En el original, podría verse parte de la base de la jirafa con ruedas e incluso parte del propio soporte de luz, justo a la derecha de la rueda frontal.

- Para mantener la nitidez en toda la imagen, utilice una abertura de f/8 o superior.

- Estamos ante una fotografía publicitaria; en este caso, es necesario utilizar trípode para mantener la nitidez de la imagen.

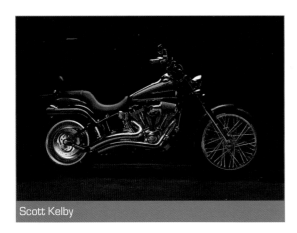

Scott Kelby

La receta

Características de esta fotografía: una fantástica mezcla del color de la puesta del sol y flash en exteriores, combinada con un ángulo de disparo que hace que estos chicos parezcan enormes.

> Dos son las claves para este tipo de tomas: en primer lugar, la composición. Para que los chicos parezcan tan grandes, es necesario agacharse y disparar hacia arriba utilizando un objetivo gran angular (en este caso, un objetivo ultra-angular 14-24 mm en una cámara *full-frame*). Cuando hablo de disparar desde abajo, en realidad estoy hablando de tumbarse en

el suelo para obtener esta perspectiva. En segundo lugar, tendrá que esperar al atardecer para tomar una fotografía así.

Scott Kelby

> Los chicos están iluminados con un flash externo (en este caso, un Nikon SB-900) montado sobre un pie ligero y portátil, con una ventana de luz Ezybox pequeña delante para suavizar y controlar la expansión de la luz. En ambas imágenes, el flash estaba situado a la derecha (desde nuestra posición), justo al límite del encuadre.

> La clave está en cambiar a modo **Programa**, desactivar el flash, apuntar al modelo, apretar el disparador hasta la mitad y anotar la lectura de velocidad de obturación y abertura que elija nuestra cámara.

Posteriormente, cambie a modo manual, elija la abertura y velocidad de obturación que haya elegido la cámara, encienda el flash y ajústelo a baja potencia: apenas lo suficiente para iluminar al modelo. Coloque además un gel naranja sobre el cabezal del flash, para que la luz no tenga un aspecto tan blanquecino y artificial.

La receta

Características de esta fotografía: un recorte en primer plano con numerosos detalles, altas luces y sombras.

- Estamos ante una fotografía tomada con luz natural: un frutero sobre una mesa, a la sombra. Todo lo que tiene que hacer es colocarse (o bien girar el frutero) de tal modo que tenga una fuente de luz lateral para dotar de profundidad y volumen a la foto.

- Para conseguir una composición como ésta, dispare desde cierta distancia y utilice una distancia de 200 mm. En este caso, la fotografía se tomó con mi objetivo favorito de viajes, un 18-200 mm.

- Al disparar en una zona de sombra abierta, como en este caso, no contamos con luz directa; por lo tanto, tendremos que disparar con el número f más bajo que nuestra cámara nos permita utilizar (en este caso, f/5.6) para poder sostener la cámara en mano y mantener el enfoque. Obtendremos así una profundidad de campo escasa (especialmente cuando hacemos zoom como en este caso, que es cuando más notamos la profundidad de campo). Observe cómo las manzanas del primer plano están faltas de foco, pero las cerezas presentan un aspecto muy nítido y agradable; también las manzanas situadas detrás de las cerezas están desenfocadas. Es el efecto de la abertura elegida, f/5.6. Podría haber elegido una abertura menos (por ejemplo, f/4 o, idealmente, f/2.8), pero entonces la profundidad de campo habría sido todavía menor.

- Al utilizar el modo de disparo de prioridad a la abertura, en realidad lo único que elegimos es la abertura; la cámara elegirá automáticamente la velocidad de obturación adecuada.

Scott Kelby

La receta

Características de esta fotografía: un retrato con luz suave y natural en el que la modelo está separada del fondo.

- Cuatro son las claves de este retrato: en primer lugar, la foto está tomada al final del día, pero antes de la puesta de sol. El sol está bajo en el horizonte y el ángulo suaviza las sombras; por lo general, este tipo de luz es más favorecedor.

Scott Kelby

- En segundo lugar, la modelo se encuentra colocada de tal forma que la luz del sol incida sobre ella lateralmente. En esta fotografía, la luz del sol procede de la izquierda (desde nuestra posición); si observa el

pelo de la modelo, verá que es más brillante a la izquierda y que está más en la sombra a la derecha.

- En tercer lugar, debe asegurarse de que la modelo no está colocada directamente bajo la luz solar, sino en el límite de una zona en sombras (en este caso, debajo de las ramas gruesas de un árbol). Dado que estamos disparando a la sombra, tendrá que aumentar el ISO para poder utilizar una velocidad de obturación superior a 1/60 sec, con el fin de obtener una imagen nítida si está trabajando cámara en mano (en este caso utilicé ISO 800).

- Para conseguir la separación entre la modelo y el fondo, utilice un teleobjetivo zoom para poder acercarse (en este caso, 200 mm) y utilice la abertura más baja que le sea posible para obtener una agradable profundidad de campo (en este caso, f/2.8).

La receta

Características de esta fotografía: una toma con una luz trasera brillante mezclada con una luz de relleno suave y una profundidad de campo escasa para separar a la modelo del fondo.

- Una de las cosas que da a nuestras fotos un aspecto de ensueño es el uso de una profundidad de campo muy escasa. Para ello, utilizaremos la abertura más baja (en este caso, f/2.8) y haremos zoom con un teleobjetivo (en este caso utilicé un objetivo 70-200 mm, a una distancia de 150 mm).

Scott Kelby

zona se está quemando), utilice el botón de compensación de la exposición para reducir la exposición en un tercio de paso y realice otro disparo de prueba. Si sigue parpadeando, reduzca la exposición un tercio más. Realice otra prueba, y así sucesivamente.

La receta

Características de esta fotografía: una iluminación de aspecto fresco y brillante y escasa profundidad de campo.

Scott Kelby

- Para impedir que la luz del sol sea demasiado dura, realice la fotografía al caer la tarde, pero al menos una hora antes de la puesta de sol.

- La novia está iluminada desde atrás: el sol está a sus espaldas, hacia la izquierda (desde nuestra posición) iluminando la parte trasera del velo. Para que el rostro de la novia no quede en sombra, coloque un reflector blanco a la derecha del ramo para rebotar parte de la luz solar hacia el rostro. Los reflectores blancos no son excesivamente potentes, de manera que la novia no parece bañada en luz, y la luz rebotada ofrece un aspecto bastante natural.

- Preste atención para no quemar las altas luces del velo de la novia. Si tiene activado el aviso de altas luces y ve parpadear la zona del velo (avisándole de que la

- La clave en este tipo de imágenes es la iluminación trasera. Coloque la luz principal (es decir, la de mayor potencia) detrás de la comida y una segunda fuente de luz a menor potencia de frente.

En este caso, utilicé dos fuentes de luz fluorescente de luz de día Westcott Spiderlite, que son luces continuas. La fuente de luz de mayor tamaño se encuentra colocada detrás de la comida, a la izquierda (desde el punto de vista de la cámara), la segunda fuente de luz, de menor tamaño, también está ubicada a la izquierda a menor potencia. Para evitar que las sombras de la derecha sean demasiado oscuras, coloque una lámina de corcho flanco a la derecha del plato.

Si no tiene Spiderlites o flashes de estudio, puede utilizar una ventana como fuente de iluminación trasera y un reflector blanco en la parte frontal y lateral.

Para conseguir una profundidad de campo tan reducida, utilice la abertura mínima que le permita su objetivo (f/4 o inferior, si es posible).

Estamos ante una fotografía de producto, por lo que es recomendable el uso de un trípode.

Scott Kelby

La receta

Características de esta fotografía: una luz dura y perfilada a ambos lados del rostro del modelo y un aspecto nítido, oscuro y de gran dramatismo en la imagen final.

Para crear este aspecto tan popular son necesarias tres fuentes de luz: dos de ellas se colocan detrás y a uno de los lados del modelo, apuntando diagonalmente a los laterales del rostro.

Ambas luces necesitan ser duras, por lo que no utilizaremos ninguna ventana de luz, sino únicamente los reflectores metálicos estándar y una bombilla desnuda en cada una de ellas. Para que la luz no se derrame por todas partes, utilizaremos una rejilla de 20 grados sobre cada uno de los reflectores. Estas rejillas son estupendas a la hora de dirigir la fuente de luz en la dirección deseada.

Para impedir que la luz que procede de ambas fuentes cree el llamado efecto *flare* y dé como resultado una fotografía que presente un aspecto deslavado, coloque una bandera negra (un rectángulo de terciopelo negro de 60x90 centímetros) frente a cada una de las luces, para impedir que la luz entre en la cámara.

▶ La luz frontal será una fuente de luz con una ventana de luz de gran tamaño situada a la izquierda del modelo (desde nuestra posición) a muy escasa potencia: apenas la suficiente para añadir algo de luz de relleno al rostro del modelo. La fotografía se tomó sobre un fondo de papel continuo negro. Utilice una abertura de f/8 para que toda la escena esté enfocada y un objetivo a 200 mm para obtener un aspecto más agradable.

La receta

Características de esta fotografía: un retrato de moda y publicidad que presenta un aspecto limpio y luminoso, con una luz envolvente que resalta los lados del rostro de la modelo.

▶ Si bien podemos ver que la luz envuelve los lados del rostro de la modelo, para obtener este aspecto únicamente se han utilizados dos fuentes de luz (lo que lo hace todavía más genial). La modelo no está situada frente a un fondo blanco, sino frente a una ventana de gran tamaño situada aproximadamente a 30 cm de ella, girada hacia arriba creando un ángulo de 45 grados (lo suficiente para evitar el efecto *flare* del flash, puesto que de no inclinarse apuntaría directamente a cámara). Así pues, lo que estamos viendo en este caso es la luz procedente de esa gran ventana de luz iluminando los dos lados del rostro, la parte baja del mentón y el borde del cuello.

▶ La segunda luz (un *beauty dish*) se colocará directamente delante de la modelo, pero únicamente unos 30 centímetros por encima de su cabeza y apuntando hacia la modelo en un ángulo de 45 grados. Prácticamente está al lado del rostro, si bien queda fuera del encuadre. Con ello, iluminamos la parte frontal del rostro. Puede utilizar una potencia reducida, como por ejemplo 1/4 de potencia o menos.

▶ Para evitar sombras debajo de los ojos de la modelo, coloque un reflector blanco a la altura del pecho ligeramente inclinado hacia su rostro. Colóquelo de tal manera que esté al límite del encuadre, pero sin llegar a aparecer en la imagen. El reflector reflejará la luz procedente del *beauty dish* de vuelta hacia el rostro de la modelo, eliminando las sombras y dotando a sus ojos de un aspecto agradable y luminoso.

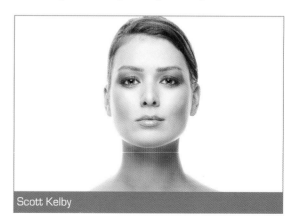

Scott Kelby

Índice alfabético

L

M

Q

R